Intime Tunisie

*Récits et Regards des Grairi
et d'une
Nation aux Milles Facettes*

1

Seul Sous le soleil de Tunis

Chez mes parents ; allongé dans ma chambre de la maison familliale cette Ghibli, brise légere, soufflait à travers les pages jaunies d'un livre bien-aimé, posé avec soin sur une vieille table en bois. Sur la couverture, le titre doré « **Intime Tunisie** » brillait comme une promesse de voyages dans le temps. C'était mon livre, le fruit de ma plume et de mon âme dévoilée et un élan de transmettre porte-paroles devoir de mémoire.

L'histoire débutait dans une ruelle étroite de Tunis, où l'odeur enivrante des épices et le son lointain des appels à la prière se mêlaient. Les premières pages me transportaient dans mon enfance, parmi les rires de mes frères et sœurs, les histoires de mes grands-parents et les jeux dans les ruelles étroites. Chaque mot était une piste qui conduisait à des trésors enfouis, des souvenirs précieux gravés dans le marbre du temps.

Les chapitres suivants dévoilaient l'épopée tumultueuse de la Tunisie moderne, les luttes et les triomphes, les moments de douleur et les éclats de joie. Mes mots, tissés avec soin, rendaient hommage à la résilience d'un peuple et à l'esprit indomptable de ceux qui avaient écrit l'histoire avec le stylo de la persévérance.

Les pages étaient également imprégnées de mon parcours personnel, des hauts et des bas, des amours perdus et retrouvés, des succès et des échecs. Chaque chapitre était une pierre ajoutée à l'édifice de ma vie, une leçon apprise ou une émotion partagée avec le lecteur qui me suivrait à travers les méandres de mon récit.

Les voyages enchanteurs à travers les villes tunisiennes, les déserts sans fin et les plages dorées offriraient une palette de couleurs et de sensations qui se déploieraient comme un tableau vivant. Mes lecteurs se perdraient dans les détails pittoresques, sentant le sable chaud sous leurs pieds et savourant les saveurs épicées des plats traditionnels.

Les passages les plus émouvants à mon sens étaient réservés aux relations humaines, aux liens qui se tissaient entre les personnages de mon histoire. L'amour, l'amitié, la perte et le renouveau étaient les fils conducteurs qui unissaient chaque page, créant une symphonie d'émotions qui résonnait dans mon cœur.

En refermant ce livre, vous mes lecteurs serez témoins d'un voyage inoubliable à travers le temps et l'espace, à travers l'histoire vibrante de la Tunisie et la chronique intime d'une vie.

Mon histoire est plus qu'un simple récit ; c'est un cadeau, une invitation à explorer les profondeurs de l'âme et à célébrer le pouvoir transformateur de la mémoire.

Si vous êtes touchés par mes mots, je partagerais un sentiment de gratitude, reconnaissant d'avoir pu vous inviter à partager cette odyssée captivante. Et dans l'écho silencieux du livre fermé, persistera le murmure d'une histoire bien racontée, une histoire qui continuera de résonner dans les cœurs de ceux qui avaient eu la chance de la découvrir.

"شكرًا" "Shukran"
Fouad El-Graïri

"L'Été des Souffles Ghibli (1)"

C'était l'été 1984 en Tunisie, une période où le soleil brûlait intensément et où les brises légères du Ghibli, le vent du désert, apportaient un souffle mystique à chaque pièce du pays. Au cœur de cette saison torride, un enfant, nommé Fouad, allait vivre une aventure extraordinaire.

Fouad habitait un petit village entouré de dunes dorées, où l'horizon sans fin semblait se fondre avec le ciel azur. Chaque jour, il se levait avec l'espoir de nouvelles découvertes, mais cette année-là, quelque chose de magique planait dans l'air.

Un après-midi, alors qu'il jouait près d'une oasis aux eaux rafraîchissantes, une bourrasque de vent chaud caressa son visage. Fouad se sentit transporté, comme si le Ghibli lui murmurait des histoires anciennes. Fasciné par cette brise enchanteresse, il décida de suivre ce souffle mystérieux qui le guidait à travers le désert.

À mesure qu'il avançait, des mirages dansaient devant ses yeux émerveillés. Il rencontra des créatures fantastiques, des esprits du désert qui lui contèrent des légendes oubliées depuis longtemps.

Les dunes devinrent des montagnes mouvantes, et les échos du Ghibli semblaient lui murmurer des secrets millénaires.
Pendant ces jours magiques, Fouad découvrit des oasis cachées, des trésors enfouis sous le sable, et surtout, il apprit à écouter la mélodie du Ghibli. Les nuits étaient empreintes de mysticisme, alors que les étoiles brillaient comme des joyaux dans le ciel sans fin.
À la fin de l'été, Fouad réalisa que ces instants magiques ne pouvaient être retenus éternellement. Le Ghibli souffla une dernière fois, doucement, comme pour lui dire au revoir. De retour dans son village, Fouad emporta avec lui la magie de cet été particulier, une magie qui demeurerait dans son cœur à jamais.
Ainsi se termine l'été 1982, une saison

où l'enfance et la nature se mêlèrent dans une danse envoûtante, sous le souffle doux du Ghibli qui continuait de murmurer des histoires aux âmes chanceuses qui savaient écouter.

Durant l'été suivant, à Tunis, lors d'une nuit étoilée où l'air était doux et empli de parfums enivrants, Fouad, un jeune homme aussi rêveur aux yeux pétillants, se promenait sur les toits de la médina. Les ruelles étroites étaient calmes, et le murmure lointain de la mer ajoutait une touche de magie à l'atmosphère.

Ce jour d'été, Fouad 15 ans avait croisé le regard envoûtant d'une jeune fille nommée Louisa. Ses yeux brillaient comme des étoiles, et son sourire semblait contenir le secret des mille et une nuits. Les deux jeunes âmes s'étaient croisées au marché, où Fouad vendait des épices aux couleurs chatoyantes. Louisa, quant à elle, était fascinée par les histoires que Fouad racontait sur les toits de la médina.

Un soir, Fouad et Louisa se retrouvèrent seuls sur les toits, éclairés par la lueur des étoiles. Le vent caressait doucement leurs visages alors qu'ils partageaient leurs rêves et leurs espoirs. Fouad racontait des légendes anciennes, tandis que Louisa écoutait, captivée par sa douce voix mélodieuse.

Au fil des nuits, leur amitié s'épanouissait comme une fleur exotique dans le désert. Les toits de Tunis devenaient leur refuge secret, où ils pouvaient s'échapper du monde et se perdre dans l'éclat de la lune.

Un soir, alors que les étoiles formaient un spectacle éblouissant dans le ciel, Fouad prit le courage de dévoiler ses sentiments à Louisa. Il lui parla de la manière dont son cœur battait plus fort en sa présence, de la façon dont elle illuminait ses journées sombres comme une lanterne dans l'obscurité.

Louisa, émue par la sincérité de Fouad, lui avoua qu'elle ressentait la même chose. Leurs cœurs s'entrelacèrent comme les lianes d'une plante grimpante, et sur les toits de Tunis, ils scellèrent leur amour sous le ciel étoilé.

Les jours passèrent, et leur amour grandissait comme une oasis dans le désert. Fouad et Louisa continuaient de se retrouver sur les toits, main dans la main, contemplant l'horizon infini. Leurs rires résonnaient parmi les cheminées, et leurs rêves s'envolaient comme des oiseaux libres.

Ainsi, sur les toits de la Tunisie, Fouad et Louisa tissèrent une histoire d'amour aussi intemporelle que les murs de la médina, une histoire qui résonnerait à travers les vents du temps, rappelant à chacun que même sur les toits les plus élevés, l'amour peut prendre racine et s'épanouir, mais la fin de l'été frappa à la porte pour un au revoir promis de promesses.

(1) vent chaud du désert du Sahara

......Je me demande pourquoi je commence encore par.......

Il était une fois, dans un coin paisible de Tunisie, un homme de 38 ans nommé Fouad, qui avait quitté son pays pour construire une vie à l'étranger. Fouad était un Tunisien fier de ses origines, et il rêvait du jour où il pourrait partager la beauté de son pays avec son épouse, Sabah, une Marocaine avec des yeux curieux et un cœur ouvert.

Fouad et Sabah s'étaient rencontrés et étaient tombés amoureux dans une ville étrangère. Leurs cœurs battaient au rythme d'une romance internationale à lire dans *(de Tunis à Cassis-2023),* mais il était temps de ramener cette histoire à la maison. Fouad avait longtemps planifié ce voyage, une aventure qui allait non seulement les ramener en Tunisie, mais qui allait également ouvrir les portes de son monde à Sabah pour la première fois.

Le jour du voyage arrive, emplis d'anticipation et de joie. Fouad et Sabah atterrissent à Tunis, où l'accueil chaleureux de la famille de Fouad les attendait. Les étreintes affectueuses et les sourires radieux établissent immédiatement une connexion chaleureuse entre les deux cultures.

Le voyage débuta à Tunis, où Fouad guidait Sabah à travers les ruelles sinueuses de la médina.

Les marchés animés étaient un kaléidoscope de couleurs, les arômes épicés chatouillaient leurs narines, et l'histoire débordait de chaque mur. Fouad partageait des anecdotes, résultant de la richesse de la culture tunisienne.

Ils se rendirent à Carthage, où les ruines antiques racontaient des histoires de gloire passée. Fouad et Sabah déambulèrent dans les vestiges, s'imaginant le passé grandiose de cette cité historique.

À Sidi Bou Saïd, le village aux maisons blanches surplombant la mer, ils découvrirent un coin de paradis. Les rues pavées étaient bordées de bougainvilliers, et les vues panoramiques éblouissaient leurs yeux.

Les festivités familiales ne manquaient pas. Des repas copieux, des délices de la cuisine tunisienne, des chants et des danses traditionnelles firent partie de leur quotidien. Sabah découvrit la délicatesse du couscous, la saveur du thé à la menthe et la douceur des pâtisseries tunisiennes.

Le voyage les mena également à Kairouan, la ville sainte, où la Grande Mosquée racontait l'histoire ancienne de la spiritualité. Fouad expliqua les coutumes et traditions qui constituaient ce lieu faisant de lui un pilier de la culture tunisienne.
Les dunes du Grand Erg Oriental offrirent une expérience inoubliable. Fouad et Sabah chevauchèrent des chameaux à travers le désert, émerveillés par les vagues de sable doré sous le ciel étoilé.

Le voyage toucha à sa fin à Tozeur, une oasis au cœur du désert. Les palmiers ondulaient doucement, et les eaux calmes des oasis offraient un refuge paisible.

Ce périple fut bien plus qu'une découverte pour Sabah. C'était une rencontre avec l'amour de Fouad pour sa Tunisie natale, une immersion dans une culture riche et vivante, et surtout, une union de deux familles, de deux histoires, et de deux cœurs.

Alors que le couple regagna son domicile à l'étranger, leurs valises étaient remplies de souvenirs précieux et de liens plus forts que jamais. La Tunisie avait laissé une empreinte indélébile sur leur histoire d'amour, unissant deux horizons pour créer une symphonie harmonieuse de cultures. Et chaque fois qu'ils évoqueraient ces jours, ce serait avec gratitude pour l'aventure qui avait tissé des souvenirs éternels.

.......Je me demande pourquoi je commence encore par.......Suite.............

Il était encore une fois aussi, un doux été où le soleil embrassait chaque grain de sable sur les plages tunisiennes. Fouad, un père aimant, a décidé de créer des souvenirs inoubliables avec ses trois enfants pendant leurs vacances en Tunisie. Fares, Kenza et Souleiman étaient remplis d'excitation à l'idée de découvrir les merveilles de ce pays aux couleurs vives.

La famille s'est installée dans une petite maison traditionnelle dans une vieille médina aux ruelles étroites. Les murs blanchis à la chaux résonnaient des rires des enfants alors qu'ils se perdaient dans le dédale des rues animées. Ensemble, ils ont exploré des marchés colorés où les parfums envoûtants d'épices et de fruits sucrés les ont transportés dans une aventure sensorielle.

Une journée mémorable fut passée à Matmata, où les maisons troglodytes semblaient surgir du sol.

Les enfants étaient fascinés par ces habitations uniques, et Fouad partagea des histoires sur la richesse de la culture tunisienne, une culture qui persistait depuis des générations. La famille s'est aventurée dans le Grand Erg Oriental, un vaste désert de dunes de sable. À dos de chameau, ils ont exploré les dunes, émerveillés par le spectacle du soleil couchant qui teintait le sable d'une palette de couleurs chaudes.

Ils ont campé sous les étoiles scintillantes, écoutant les histoires que Fouad leur racontait sur les constellations.
À Douz, surnommée "la porte du Sahara", la famille a participé au Festival International du Sahara. Ils ont été témoins de danses traditionnelles, de chants envoûtants et ont partagé des repas festifs avec des habitants chaleureux.

Chaque jour était une aventure nouvelle. Les enfants ont nagé dans les eaux cristallines de la Méditerranée à Djerba, découvert des trésors cachés dans les souks de Tunis, et savouré des plats délicieux de la cuisine tunisienne.

Mais au-delà des lieux visités, ce qui rendait ces vacances spéciales, c'était l'amour partagé entre Fouad et ses enfants. Ils ont ri ensemble, se sont perdus dans les dédales du passé ensemble, et ont créé des souvenirs qui seraient chéris toute leur vie.

Alors que le temps passait, la famille rentra chez elle, le cœur rempli de souvenirs lumineux de leur aventure tunisienne. Chaque fois qu'ils entendraient parler de la Tunisie, le parfum des épices, le son des vagues, et les rires résonneraient dans leur esprit, un doux rappel de l'amour et de la magie qui avaient rempli leurs journées ensoleillées.

Les Grairi une dynastie :

Une Famille , Une Histoire, Une Mosaïque

C'était une journée ensoleillée chez la famille Grairi à Medjez-el-Bab, une petite ville nichée au cœur de la Tunisie. La maison familiale était animée par l'effervescence joyeuse du mariage du frère Hammadi avec Latifa la futur belle-soeur. La demeure, imprégnée d'histoire et de souvenirs familiaux, était le lieu parfait pour célébrer cet événement spécial.

La cour avait été transformée en un lieu de festivités, décorée de tissus colorés, de fleurs fraîches, et d'ornements festifs. Une tente majestueuse avait été dressée pour accueillir les invités, offrant un coin ombragé où l'on pouvait se réunir et célébrer cette union.

La journée avait débuté par les préparatifs trépidants. Les femmes de la famille, avec leur habileté et leur grâce, se sont affairées dans la cuisine à préparer des plats délicieux et des pâtisseries traditionnelles. L'arôme alléchant de la cuisine tunisienne flottait dans l'air, créant une atmosphère de festin à venir.

Les hommes, quant à eux, se sont occupés des derniers détails dans la cour. Les musiciens avaient commencé à accorder leurs instruments, et des sièges confortables étaient disposés pour les invités.

L'heure tant attendue arriva. Hammadi, vêtu d'un costume traditionnel élégant, était entouré de sa famille. Tous les regards étaient tournés vers la porte d'entrée, attendant l'arrivée de Latifa la future mariée. Lorsqu'elle fit son entrée, vêtue d'une robe magnifique, la beauté et la joie qu'elle rayonnait étaient indescriptibles.

La cérémonie du mariage se déroula dans la cour, sous un ciel clair et étoilé. La famille et les amis se sont réunis pour célébrer l'amour et le mariage de Hammadi et de Latifa sa belle épouse. Les vœux sincères, les sourires émus et les rires chaleureux ont rempli l'air. La réception qui a suivi fut un véritable festin pour les sens. Les invités se sont régalés de mets délicieux, des saveurs riches de la cuisine gastronomique tunisienne. La musique enivrante a incité tout le monde à se lever et à danser, créant une atmosphère de joie contagieuse.

La nuit s'est prolongée dans la gaieté, entre éclats de rire, étreintes chaleureuses et moments de pure félicité. Les jeunes, les moins jeunes, les frères, les sœurs, les neveux et les nièces, tous étaient réunis pour célébrer l'amour et l'unité de la famille.

Le mariage de Hammadi et Latifa était bien plus qu'une cérémonie. C'était une célébration de l'amour, de l'héritage familial et de la richesse de notre culture.

Alors que la nuit se retirait lentement, laissant place à une lueur douce, la maison familiale de Medjez-el-Bab continuait de résonner des échos d'une journée mémorable, une journée où l'amour avait uni une famille dans la chaleur et la lumière.

Après le mariage par une nuit étoilée dans la ville de Medjez-el-Bab, où l'air était empli de rires joyeux et d'anticipation. La famille avait décidé de créer une expérience inoubliable pour les neveux et nièces en organisant une nuit très spéciale sur le toit de la maison familiale.

La traditionnelle maison en pierre, chargée d'histoire, semblait vibrer d'excitation alors que les enfants se préparaient pour cette aventure nocturne. Des matelas moelleux et des couvertures chaudes furent apportés sur le toit plat, créant un espace douillet sous le ciel étoilé.
Les neveux et nièces étaient surexcités, échangeant des rires et des chuchotements excités. Certains étaient déjà en pyjama, tandis que d'autres, trop enthousiastes, couraient autour avec des lampes de poche, illuminant le toit comme un ciel étoilé miniature.
Les parents, complices de cette escapade, étaient surveillés avec des sourires amusés. Tout le monde se rassemblait sur le toit, se préparant pour une nuit pleine d'aventures et de rires.

Les étoiles brillaient au-dessus d'eux, créant un spectacle magique. Les enfants s'allongèrent sur les matelas, les yeux pétillants d'excitation. Ils commencèrent à raconter des histoires, à jouer à des jeux de société improvisés sous la lueur douce de la lune.

À un moment donné, quelqu'un a eu l'idée de faire une séance de contes de fantômes. Les enfants se racontaient des histoires effrayantes, mais chaque cri ou sursaut était suivi de rires contagieux. Les parents, depuis la fenêtre, faisaient semblant d'être des fantômes farceurs, ajoutant encore plus de folie à l'aventure.

Puis vint le moment des chansons. On entendit des voix enfantines s'élevant dans l'air nocturne, chantant des chansons joyeuses et des mélodies entraînantes. Les étoiles semblaient danser en harmonie avec la musique.

Au fil de la nuit, certains enfants s'endormirent sous le ciel étoilé, rêvant d'aventures fantastiques.

D'autres, plus résistants au sommeil, continuèrent à discuter en chuchotant, partageant des secrets et des blagues jusqu'au petit matin.

Quand le soleil commença à éclairer l'horizon, la maisonnée s'éveilla lentement. Les parents, admirant le spectacle de leurs enfants endormis sur le toit, réalisaient que cette nuit était devenue une mémoire précieuse, une histoire à raconter et à rire encore pendant des années.

La nuit sur le toit de la maison familiale de Medjez-el-Bab est devenue une tradition chère à tous. Chaque fois que la famille se réunissait, les neveux et nièces attendaient avec impatience la prochaine nuit étoilée pleine de rires, de contes et de complicité familiale. Et ainsi, cette histoire de rires sous les étoiles est devenue un chapitre mémorable dans le livre des souvenirs familiaux.

C'était un matin ensoleillé, et la maison familiale était déjà en ébullition à 8 heures du matin. Toute la famille nombreuse, parents et enfants, s'était donné rendez-vous pour un petit déjeuner joyeux. La table était dressée avec une variété de mets délicieux, des viennoiseries locaux aux fruits frais, en passant par les céréales colorées et le café qui embaumait la pièce.

Les enfants, encore engourdis par le sommeil, descendaient l'escalier en pyjama, les yeux encore à moitié fermés. Les parents, armés de tasses de café et de sourires, attendaient avec impatience le début de cette joyeuse réunion matinale.

La salle à manger résonnait de rires et de bavardages alors que tout le monde prenait place autour de la table.

Les plus petits, enthousiastes à l'idée de commencer leur journée, se bousculaient joyeusement pour choisir leur place. Les plus grands, eux, échangeaient des nouvelles animées sur leurs projets et aventures à venir.

Le petit déjeuner commençait par une symphonie de bruits - le tintement des cuillères contre les bols, le craquement joyeux des croissants fraîchement sortis du four, et les rires contagieux des enfants.

Les parents servaient généreusement, veillant à ce que chacun ait sa part de tout, et les plats passaient de main en main comme des trésors à partager.

Alors que la conversation s'intensifiait, des rires éclatèrent à la suite d'une blague imprévue d'un des enfants. La table était devenue le théâtre de contes farfelus, d'anecdotes amusantes et de devinettes entraînantes. Même le chien de la famille, assis près de la table avec un air curieux, semblait participer à la fête.

Le temps s'écoula, mais le petit déjeuner se prolongea bien au-delà de l'heure prévue. Personne ne semblait pressé de quitter cette ambiance chaleureuse et joyeuse. Les enfants se régalaient de céréales avec du lait, tandis que les parents dégustaient leur café tout en participant aux conversations animées.

À mesure que les aiguilles de l'horloge tournaient, la lumière du matin laissait place à celle du début d'après-midi. La famille avait partagé des rires, des histoires et des moments précieux autour de la table du petit déjeuner.

Bien que la journée se poursuivît, le souvenir de ce petit déjeuner prolongé resterait gravé dans la mémoire de la famille comme une parenthèse enchantée, où le temps s'était suspendu pour laisser place à la joie simple d'être ensemble.

Et ainsi, ces matins festifs de la famille nombreuse devinrent une tradition à chérir, où le début de la journée était synonyme de rires, de nourriture délicieuse et de liens familiaux indéfectibles.

C'était un jour ordinaire qui allait se transformer en une fête mémorable pour notre grande famille nombreuse. Le soleil baignait notre jardin d'une lumière chaleureuse, et l'air était empli d'excitation. L'idée d'improviser une fête avec de la musique locale et du folklore avait germé dans nos esprits, et nous étions tous partants pour cette aventure spontanée.

La cour de la maison était rapidement transformée en une piste de danse improvisée. On sortit des enceintes, et quelqu'un apporte une playlist variée de musiques locales et de chansons folkloriques qui résonnaient avec l'âme de notre région. Les voisins, attirés par la mélodie joyeuse, commencèrent à se rassembler pour voir ce qui se passait.

Les plus jeunes, animés par l'excitation, commencèrent à esquisser des pas de danse spontanés. Les aînés, ne voulant pas être en reste, se joignirent à la fête avec des sourires radieux. Bientôt, la cour était remplie de mouvements joyeux, de rires et de chansons.

Quelqu'un avait apporté un tambour, et son rythme vibrant ajoutait une dimension festive à l'atmosphère. Des instruments improvisés firent leur apparition - des cuillères utilisées comme castagnettes, des pots et des cocottes comme percussions. La créativité était à l'honneur, et chacun contribuait à sa manière pour créer une symphonie unique et joyeuse.

Les voisins, au fil du temps, se joignirent à la célébration. La fête débordait de convivialité, transcendant les frontières entre familles et voisins. Des danses spontanées se formaient, avec des rires et des applaudissements pour accompagner chaque mouvement.

La journée se prolongea bien au-delà de ce que nous avions imaginé. La musique, les danses et les rires résonnaient dans notre quartier. On partageait des spécialités locales, des plats savoureux qui ajoutaient une touche culinaire à la fête.

Quand le soleil commença à baisser à l'horizon, créant un ciel d'oranges et de roses, la fête atteignit son apogée. Un moment de communion, où la musique, la danse et la bonne humeur créèrent des souvenirs qui resteraient gravés dans nos cœurs.

La fête improvisée de notre famille nombreuse est devenue une tradition. Chaque fois que nous nous rassemblons, quelqu'un lançait l'idée de mettre de la musique locale, et la cour se transformait à nouveau en une scène de célébration. Cette histoire joyeuse de spontanéité, de danse et de convivialité est devenue un chapitre précieux dans notre livre familial, rappelant que les meilleures fêtes sont souvent celles qui sont improvisées avec amour et partagées avec les personnes qui nous sont chères.

C'était l'été, un de ces étés qui semblent n'avoir ni début ni fin, où le soleil se lève avec la promesse d'aventures inattendues. Pour cette tribu de cousins et cousines, les vacances étaient synonymes de rires, de découvertes et de liens familiaux renforcés. Le lieu de rendez-vous était une petite ville côtière en Tunisie, où la mer s'étincelait comme une merveille turquoise.

Les journées commençaient par le chant des vagues, l'appel au petit-déjeuner chez les grands-parents, où les tables débordantes de gâteaux, de pains frais et de confitures maison faisaient office de buffet festif. Les matins étaient dédiés à la plage. Johan et Elias, les intrépides, rivalisaient pour construire les châteaux de sable les plus imposants.

Anissa, Neilla et Lilia préféraient se prélasser sous le soleil, partageant des secrets de jeunes filles entre éclats de rire et confidences. Les après-midis étaient réservés aux hammams partagés, une tradition transmise par les aînés. Des éclats de rire résonnaient dans les murs carrelés tandis que les cousins s'occupaient de la tâche ardue de se savonner mutuellement, faisant du bain un moment de complicité unique. Les soirées se transformaient en festins chez les grands-parents. La table était un tableau de couleurs et de saveurs tunisiennes authentiques. Les plats traditionnels faisaient le tour de la table, de la chorba aux grillades, et chacun partageait son plat favori avec les autres.

Les soirées nocturnes étaient magiques. Les cousins se retrouvaient sur la terrasse éclairée par des guirlandes scintillantes, échangeant des histoires sous un ciel constellé. Fares et Mehdi, les musiciens du groupe, sortaient darbouka et cornemuse, et Myriem et Liya se mettaient à danser sous les étoiles.

Ces nuits étaient empreintes de rires, de chansons et de promesses de toujours rester unis. Les glaces au café étaient une tradition incontournable. Chacun avait son parfum préféré, et la soirée ne se terminait pas sans une virée à la gelateria du coin. Les rires résonnaient dans la rue alors que la tribu dégustait des cornets de glace, savourant chaque instant de ce bonheur simple.

Les délices heureux continuaient avec les sorties en bateau. Souleiman, le marin de la famille, dirigeait le navire pendant que Noé et Camil plongeaient avec enthousiasme dans les eaux cristallines. Les récifs colorés offriraient un spectacle sous-marin éblouissant.

Chaque journée était un tableau de bonheur, chaque soirée un poème de rires partagés. La joyeuse tribu de cousins et cousines, de Julien à Ralia, avait créé des souvenirs qui seraient gravés dans leur cœur à tout jamais. Ces vacances n'étaient pas simplement des moments passés ensemble, mais une symphonie de liens familiaux, une mélodie qui continuait de jouer dans les recoins de leur mémoire, rappelant éternellement cette période de joie, de chaleur et de bonheur partagé.

Kenza, Sarrah, Sami et Kelian étaient plus que des cousins. Ils étaient des compagnons de jeu, des confidents et, surtout, des amis qui partageaient une complicité unique. Leurs liens étaient tissés dans les fibres mêmes de l'enfance, une époque où chaque jour était une aventure et chaque secret était un trésor à partager.

Leur histoire de complicité débuta dans le quartier chaleureux de Tunis, où les ruelles étroites de la médina devinrent le terrain de jeu de leur jeunesse. Sarrah, l'aînée, était la visionnaire, toujours prête à concocter des plans audacieux. Kenza, la douce rêveuse, était l'artiste du groupe, capable de transformer chaque pièce en un espace enchanté. Sami, le rigolo, faisait éclater de rire les autres avec ses blagues et ses facéties. Kelian, le petit dernier, apportait une énergie effervescente et un regard curieux sur le monde qui les entourait. Leurs étés étaient un festival d'aventures. Les journées interminables commençaient par des réveils tôt le matin, suivis de déjeuners improvisés dans la cuisine de la grand-mère. Les après-midis étaient consacrés aux explorations intrépides de la ville, de la plage et même des recoins cachés de la maison familiale.

La complicité entre les cousins était évidente dans chaque escapade. Lorsqu'ils grimpaient aux arbres du jardin familial, Sarrah capturait la magie du moment avec son appareil photo, tandis que Kenza planifiait secrètement une fête surprise pour l'anniversaire de Sami. Les soirées étoilées sur la terrasse étaient des séances de confidences sans fin, où chacun partageait ses rêves et ses peurs.

L'école n'était pas en reste. Ils étaient des alliés dans les tracas de l'éducation, s'entraidant pour résoudre des problèmes mathématiques complexes ou pour rédiger des dissertations. Les jours de pluie étaient une invitation à la créativité débordante, avec des après-midis passés à créer des mondes imaginaires dans le salon familial.

Au fil des années, les jeux d'enfants se mêlèrent aux défis de l'adolescence, mais la complicité entre les cousins persista. Les premiers émois amoureux, les choix d'orientation et les voyages vers l'âge adulte étaient des étapes qu'ils parcouraient ensemble, main dans la main.

La complicité entre Kenza, Sarrah, Sami et Kelian était un trésor précieux qui grandissait avec eux. Ils devaient être témoins des triomphes et des défis des uns des autres, s'encourageant mutuellement à chaque étape de leur vie.

Ainsi, l'histoire de complicité entre ces quatre cousins était une saga de rires partagés, de secrets confiés, et de liens familiaux qui transcendaient le temps. Une histoire qui continuait de s'écrire, chaque chapitre étant une nouvelle aventure où l'amitié et l'amour familial étaient les protagonistes éternels.

Les Racines d'une Vie :
L'Héritage des Oliviers

Khalil, un homme d'âge mûr, décida qu'il était temps de ralentir le rythme effréné de la vie citadine en France et de se retirer dans le village natal de ses parents *« Toukabeur »*, bercé par la douce mélodie des oliveraies et le parfum enivrant des champs d 'oliviers. Accompagné de son épouse Valérie, ils firent le choix de créer quelque chose de beau et de durable : une petite entreprise de production d'huile d'olive.

Le couple Khalil et Valérie avait une vision claire : ils voulaient revenir à l'essence de la terre, à la connexion avec la nature et perpétuer l'héritage de la tradition familiale d'oléiculture. Ils firent l'acquisition d'un terrain fertile et entreprirent de planter des oliviers, emplissant le sol de l'héritage millénaire de cet arbre méditerranéen. Les journées de Khalil et Valérie étaient consacrées à prendre soin de leurs oliviers, à apprendre les subtilités de la production d'huile d'olive, et à tisser des liens avec la communauté locale. Leurs mains étaient marquées par le travail de la terre, et leurs cœurs étaient nourris par le cycle inlassable de la nature.

Chaque été, leurs petits-fils Khalil Junior venaient leur rendre visite. Adolescent curieux et énergique, il s'immergeait dans la vie du village, apprenant les secrets de la récolte d'olives et de la fabrication de l'huile d'olive artisanale. Khalil et Valérie transmettaient avec amour leurs connaissances à la nouvelle génération, renforçant ainsi le lien entre passé et avenir.

Les étés étaient empreints de rires, de repas partagés sous l'ombre des oliviers centenaires, et du parfum enivrant de l'huile d'olive fraîchement pressée. Les soirées étaient bercées par les histoires de Khalil sur la vie, les défis et les triomphes, transmettant des leçons de sagesse à Khalil Junior, qui buvait chaque mot comme une potion magique.

La petite entreprise *"Aurore d'Olives"* de Khalil et Valérie prospérerait, devenant un pilier de la communauté. Leurs produits étaient prisés, non seulement pour leur qualité exceptionnelle mais aussi pour l'histoire qui les accompagnait. Le couple avait réussi à créer quelque chose de plus précieux que l'or : un héritage familial hommage à Meriem et Mustapha les parents, un symbole de persévérance et d'amour pour la terre.

Au fil des années, Khalil et Valérie continuèrent de travailler avec passion, entourés de la beauté tranquille de leur oliveraie. Leurs mains pouvaient être marquées par le temps, mais leurs cœurs étaient remplis de bonheur, partagés avec chaque goutte d'huile d'olive qui portait en elle l'histoire d'une vie dédiée à la terre et à l'amour familial.

Au fil des saisons, l'entreprise "Aurore d'Olives" prospéra, devenant un véritable joyau au cœur de la communauté et au-delà. La réputation de leur huile d'olive exceptionnelle se répandit comme une brise parfumée, attirant les amateurs de gastronomie du monde entier.

La qualité irréprochable de l'huile d'olive, extraite des oliviers soigneusement entretenus par Khalil et Valérie, était l'âme de leur réussite. Chaque goutte était un hommage à la tradition, une fusion de savoir-faire ancestral et de techniques modernes. Les consommateurs appréciaient non seulement le goût riche et authentique, mais aussi l'histoire qui accompagnait chaque bouteille.

Les étiquettes d'Aurore d'Olives étaient devenues synonymes d'excellence. Les récompenses obtenues lors de concours internationaux renforçaient la crédibilité de la marque, propulsant l'entreprise vers de nouveaux horizons. Les rayons des épiceries fines étaient désormais ornés de ces bouteilles élégantes, et les chefs étoilés les intégraient dans leurs créations gastronomiques.

Khalil et Valérie, restant fidèles à leurs valeurs, soutenaient également la durabilité et les pratiques agricoles respectueuses de l'environnement. Leur engagement envers la communauté locale se manifestait à travers la création d'emplois et le soutien aux projets de développement durable.

L'entreprise "Aurore d'Olives" ne se contentait pas d'être une réussite commerciale, mais était devenue un pilier de la vie du village. Les événements saisonniers, tels que la récolte des olives, devenaient des festivités communautaires où les habitants se rassemblaient pour célébrer la richesse de leur terre.

Khalil Junior, maintenant un jeune homme impliqué dans l'entreprise familiale, apporta une touche de modernité en explorant de nouveaux marchés et en développant des partenariats internationaux. "Aurore d'Olives" était devenue une histoire à succès, une histoire de passion, de persévérance et de connexion profonde avec la terre.

La prospérité commerciale d'Aurore d'Olives ne se mesurait pas seulement en chiffres, mais en sourires partagés, en saveurs appréciées, et en l'héritage d'une famille qui avait transformé des olives en or, créant ainsi une histoire qui se perpétuerait à travers les générations.

Sous le Ciel de Tunisie
*Quand Deux Couples Fusionnent
Leurs Destins*

Au crépuscule de leur carrière
fructueuse, deux couples, mélange
subtil de cultures et de passions
communes, se lancent dans une
aventure unique : vivre paisiblement
leur retraite en Tunisie. Alain et
Martine, un couple d'enseignants
français, et Rafik et Mélanie, un
couple d'infirmiers Franco-Tunisiens,
avaient décidé que le prochain
chapitre de leur vie serait écrit sous le
doux soleil méditerranéen.
Leurs chemins s'étaient croisés dans
une petite ville universitaire où Alain
enseignait la littérature française et
Martine la physique. L'amour avait
fleuri entre les livres et les expériences
scientifiques, créant une union solide.
De l'autre côté de la Méditerranée,
Rafik et Mélanie se rencontrèrent dans
l'agitation d'un hôpital où ils avaient
consacré leur vie à prendre soin des
autres.
L'idée de passer leur retraite ensemble
en Tunisie, une terre qui symbolisait

l'harmonie de leurs origines, s'était matérialisée après des années de complicité. Ils vendirent leurs maisons respectives, libérèrent leurs vies des contraintes quotidiennes, et s'installèrent dans une charmante villa blanchie à la chaux à quelques pas de la mer. Leurs journées se déroulaient entre les cours de cuisine partagées, où les saveurs françaises et tunisiennes fusionnaient dans des plats délicieux, et les promenades le long des ruelles pittoresques. Alain, avec son regard rêveur, se plaisait à écrire des poèmes qui capturaient l'essence de la Méditerranée, tandis que Martine trouvait dans les étoiles une nouvelle muse pour ses réflexions scientifiques. Rafik et Mélanie, quant à eux, s'étaient immergés dans la communauté médicale locale, offrant leur expertise et apprenant de nouvelles pratiques. Les après-midis se transformaient souvent en séances d'échanges interculturels avec leurs voisins, créant un pont entre deux mondes qui se complétaient harmonieusement.

Les quatre amis s'étaient également investis dans des projets communautaires, mettant en commun leurs compétences pour contribuer au bien-être de leur nouvelle communauté. Ensemble, ils avaient participé à la création d'une bibliothèque locale et à des initiatives de sensibilisation à la santé.

Leurs soirées étaient remplies de rires, de chansons et de danses, mélange envoûtant de rythmes occidentaux et orientaux. Les éclats de rire résonnaient dans leur villa, témoins de l'amitié profonde qui liait ces deux couples.

Au fil des saisons, les quatre amis avaient découvert les multiples facettes de la Tunisie. Des plages dorées aux montagnes majestueuses, des souks animés aux festivals culturels vibrants, chaque jour apportait une nouvelle aventure, une nouvelle découverte.

Leurs familles et amis, initialement perplexes devant ce choix audacieux, vinrent à comprendre que la Tunisie était devenue le théâtre d'une nouvelle histoire, où la richesse culturelle et la simplicité de la vie s'unissaient pour créer une existence épanouissante.

Ainsi, le récit de ces deux couples franco-tunisiens, de leur retraite partagée, de leurs rêves entrelacés, était devenu une ode à l'amitié interculturelle, à la découverte continue et à l'amour qui transcende les frontières. Leur villa blanche, baignée de la lumière dorée du soleil couchant sur la Méditerranée, était devenue le symbole d'un nouveau départ, d'un chapitre où la paix, la joie et l'unité étaient les protagonistes. Et dans le doux murmure du vent méditerranéen, ces deux couples avaient trouvé le parfait épilogue à leurs vies bien remplies.

Une Retraite Ensoleillée
Les Chapitres Dorés d'Hammamet

Dans la lumière dorée du soleil tunisien, Kenza et Aïmen , un couple Tuniso-marocain, avaient choisi de débuter le chapitre le plus serein de leur vie dans un hôtel de luxe à Hammamet, au bord de la mer. L'hôtel, autrefois symbole de vacances somptueuses, avait été transformé en une résidence exclusive pour personnes âgées, alliant confort luxueux et soins adaptés. C'était là qu'ils avaient décidé de couler des jours paisibles.

Le bâtiment, jadis animé par les rires des vacanciers, était maintenant une oasis tranquille où les résidents profitaient de la douce brise marine et des services haut de gamme. Kenza et Aïmen avaient leur propre suite, un cocon de confort avec vue sur la mer scintillante.

Leurs trois enfants, dispersés entre la France et le Maroc, s'étaient coordonnés pour organiser des visites simultanées. La première journée de la retraite de Kenza et d'Aimen se transforma ainsi en une réunion joyeuse et émouvante.

Les enfants, chacun portant un bagage de souvenirs et d'amour, arrivèrent aux bras chargés de cadeaux et de friandises. La suite de Kenza et Aïmen fut rapidement remplie de rires, de bavardages animés et du parfum réconfortant des plats préférés de la famille, préparés par un chef exclusif de l'hôtel.

Les enfants avaient également coordonné une série d'activités personnalisées pour leurs parents. Un après-midi fut consacré à une séance de spa, où Kenza et Aïmen se laissèrent choyer par des soins apaisants. Puis, une sortie sur le yacht privé de l'hôtel offre une promenade tranquille le long de la côte tunisienne. Chaque journée était une célébration de la vie, des retrouvailles familiales et de l'amour qui avait forgé les liens entre Kenza, Aïmen et leurs enfants. Les repas étaient des festins partagés, où chaque plat était l'occasion de raconter une histoire, de rire ensemble, et de se créer de nouveaux souvenirs.

L'hôtel de luxe, avec son service

impeccable, ses jardins luxuriants et ses vues à couper le souffle, était devenu le décor enchanteur de cette nouvelle étape de la vie de Kenza et Aïmen. Les jours s'écoulaient paisiblement entre les moments de détente sur la plage privée, les conférences tranquilles sur la terrasse de la suite, et les rencontres chaleureuses avec les autres résidents.

Au fil des mois, les enfants avaient intégré des traditions familiales au quotidien de leurs parents. Les dimanches étaient désormais marqués par des déjeuners conviviaux, les anniversaires donnaient lieu à des fêtes surprises orchestrées avec soin, et les soirées étaient illuminées par des feux d'artifice d'éclats de rire et de tendresse.

Cette retraite à Hammamet était bien plus qu'un simple refuge luxueux ; c'était un nouveau chapitre où Kenza et Aïmen pouvaient savourer chaque instant en compagnie de leurs enfants. L'hôtel de luxe, transformé en un lieu de vie idyllique, était le théâtre de leur bonheur continu, une scène où les acteurs, unis par le sang et l'amour, écrivaient ensemble les chapitres dorés de leurs vies. Et ainsi, dans le cadre enchanteur d'Hammamet, cette histoire franco-marocaine s'épanouissait en une symphonie d'amour, de famille et de sérénité.

Un Chef-D'œuvre de Vie à Djerba
L'Histoire de Chaouki

Chaouki, un franco-tunisien passionné par l'art, avait décidé de donner une nouvelle dimension à sa retraite en s'installant sur l'île enchanteresse de Djerba. Son amour pour la culture, les couleurs et la créativité l'avait naturellement conduit à l'idée d'ouvrir une galerie d'art, un lieu où chaque œuvre racontait une histoire unique.

À Djerba, il découvrit un vieux bâtiment charmant au cœur de la médina, aux murs blanchis à la chaux et aux portes en bois ornées. Ce serait là, pensa-t-il, que naîtrait sa galerie d'art. Il se mit au travail avec enthousiasme, mêlant l'ancien au moderne, préservant l'authenticité tout en créant un espace qui respirait la créativité.

Un jour, alors qu'il s'affairait à peaufiner les détails, il rencontra Nadia, une femme aux yeux pétillants qui parcourait la médina.

Elle s'arrêta devant la galerie, attirée par la vitrine qui laissait entrevoir des œuvres captivantes. Intriguée, elle poussa la porte et entra.

Nadia et Chaouki se regardèrent un instant, échangèrent des sourires, et c'est ainsi que débuta une nouvelle page dans la vie de Chaouki.

Ils discutèrent d'art, de rêves, et de ce lieu qui était devenu son projet passionné.

Nadia, bien qu'étrangère à cet univers artistique, ressenti l'énergie vibrante de la galerie et fut séduite par la vision de Chaouki.

Au fil du temps, leur amitié se transforma en quelque chose de plus profond. Chaouki partageait avec Nadia son rêve de créer un espace où l'art pouvait inspirer, émouvoir, et transcender les frontières culturelles. Nadia, captivée par la passion de Chaouki, décida de le rejoindre dans cette aventure.

Le jour de l'ouverture de la galerie fut un événement marquant pour Djerba. Les habitants, curieux et excités, découvrirent un espace où la modernité artistique se mêlait à l'héritage culturel. Les murs exposaient des toiles vibrantes, des sculptures évocatrices et des photographies qui capturaient l'essence même de l'île.

La galerie de Chaouki devenu rapidement un lieu de rencontre, un carrefour où les artistes locaux pouvaient exposer leurs créations, et où les habitants et les visiteurs pouvaient s'immerger dans le monde envoûtant de l'art.

Chaouki et Nadia, au-delà de leur engagement artistique, trouvèrent également un amour mutuel qui grandissait chaque jour. Ensemble, ils découvrirent les recoins cachés de Djerba, partagèrent des repas délicieux dans des cafés ensoleillés, et bâtirent une vie qui témoignait d'une œuvre d'art en constante évolution.

Les années passèrent, et la galerie de Chaouki devint un pilier de la scène artistique de Djerba. Les toiles exposées étaient le reflet d'une vie bien vécue, d'une île qui avait inspiré un franco-tunisien pour créer un héritage artistique.

Chaouki et Nadia, unis par leur amour et leur passion commune, continuaient d'écrire leur histoire, un chef-d'œuvre qui était à la fois une galerie d'art et une vie pleine de couleurs.

Les Chapitres Ensoleillés
Hayet à La Marsa

Hayet, une femme au cœur généreux et à l'âme éducatrice, décida de revenir en Tunisie pour sa retraite après des années bien remplies en France, où elle avait élevé quatre enfants avec amour et dévouement. Son retour dans son pays natal était motivé par le désir profond de contribuer positivement à la communauté et de transmettre son savoir accumulé au fil des ans.

Installée à La Marsa, cette petite ville balnéaire aux rues ombragées par des bougainvillées en fleurs, Hayet se plongea rapidement dans une vie riche en engagement et en partage.

Son amour pour l'éducation la poussa à offrir des cours de soutien à des enfants en rupture avec l'école, cherchant à leur redonner confiance et à raviver la flamme de la découverte.

Les enfants, initialement timides et réservés, furent rapidement conquis par la patience et l'affection d'Hayet. Ses méthodes d'enseignement étaient teintées d'une créativité joyeuse, transformant chaque leçon en une aventure captivante. Les notes sur les pages des cahiers laissaient place à des dessins colorés et des idées qui s'envolaient comme des oiseaux vers des horizons nouveaux.

En parallèle, Hayet décida de consacrer une partie de son temps précieux à une œuvre humanitaire. Elle se porta volontaire dans une organisation locale qui vient en aide aux familles défavorisées. Que ce soit en distribuant des repas chauds, en organisant des ateliers éducatifs, ou en offrant simplement une épaule réconfortante, elle est devenue le pilier de soutien de ceux qui en avaient besoin.

Sa maison à La Marsa était devenue un lieu de rencontre chaleureuse, où les enfants venaient non seulement pour les cours, mais aussi pour partager des moments de joie et de rires.

Hayet organisait des après-midis créatifs, des sorties à la plage, et des événements où la communauté se rassemblait pour célébrer la vie.

Les saisons défilaient, rythmées par le bruit des vagues et les chants d'oiseaux, et la renommée d'Hayet se répandait dans la communauté. Les parents, émus par la transformation positive de leurs enfants, exprimaient leur gratitude en offrant des fruits de leurs jardins ou en partageant des récits de famille.

La Marsa, avec ses cafés animés, ses marchés colorés et ses ruelles pleines de charme, était devenue le décor enchanteur de la vie de Hayet. Sa retraite, loin d'être une pause, était devenue une nouvelle aventure, une page d'amour et de concentration écrite au fil des jours ensoleillés de La Marsa.

Ainsi, l'histoire de Hayet résonnait comme une mélodie joyeuse dans la petite ville balnéaire. Son héritage, tissé de bienveillance et de connaissances partagées, était le témoignage vivant d'une femme qui avait choisi de consacrer sa retraite à illuminer les cœurs et à semer les graines du savoir dans la terre fertile de La Marsa.

POESIE D'UNE FAMILLE

Au doux souffle du vent méditerranéen, Une famille s'est épanouie, généreuse et sereine. En mille neuf cent soixante-quatorze, le 26 septembre, elle a pris son envol, De la Tunisie, terre chère, vers la France, elle a déployé son éventail. Les Grairi, une lignée noble et chaleureuse, ont enraciné leur amour dans la terre française, heureusement. Une grande famille, une mosaïque de cœurs unis, s'est épanouie dans le Sud, où le soleil réchauffe la vie. Une fille et cinq fils, joyaux précieux de cette tribu, ont tissé des liens indéfectibles, solides comme l'argile du sud. Ils ont apporté avec eux la saveur des oliviers tunisiens, Dans le sud de la France, ils ont forgé leur destin. La matriarche, symbole de tendresse et de foi, a guidé chaque pas, chaque rêve, chaque émoi. Les garçons, fiers héritiers d'une histoire séculaire, ont fait du Sud leur terre d'adoption, leur havre.

Les rires résonnaient dans les ruelles, Les souvenirs d'Orient, les repas étaient des festins où la cuisine devenait poésie, Une symphonie de saveurs, une ode à la vie.

Les neveux et nièces, comme des étoiles dans le ciel, illuminaient de bonheur chaque jour, chaque réveil.

Ils grandissaient, porteurs de l'héritage familial, Entre la Tunisie et la France, une harmonie totale.

Les Graïri, une famille qui sème l'amour et la bonté, Comme un jardin où chaque fleur a sa beauté. De Tunisie à la France, de 1974 à ce jour, Leur histoire est un poème, une mélodie d'amour. Que perdure cette saga, tissée de rires et de chansons, Une famille Graïri, éternelle comme une belle saison. Dans le Sud de la France, elle a établi son nid, Une histoire d'amour, inscrite dans le livre infini.

COMME LA ROSE DES VENTS

ET SES 8 AXES   TEL UNE FAMILLE

56

Dans l'ombre des vagues et des mâts qui s'élèvent, Papa Mustapha, forgeron des mers, son labeur soulève. Sur le chantier naval, il façonne l'acier. Son labeur infatigable, une symphonie qui s'élève.

Les mains calleuses, le front marqué par le soleil, Mustapha, le patriarche, modèle de travail et de fiel. Il érige des navires, des géants d'acier et d'espoir, Son amour pour sa famille, éclatant comme un phare.

Maman Meiriam, douce étoile au foyer, Tisse des rêves et chante des chansons de divas Egyptiennes et de lumière. Elle danse entre les rires des enfants et les plats qui mijotent, Son amour, une douce mélodie, un parfum qui perdure.

Les dimanches, joyaux lumineux de la semaine, La famille s'évade dans l'arène du football, passion qui s'emmène. Mustapha devient le supporter ardent, les yeux brillants, Meiriam, la reine du soutien, unie à sa tribu, tout le temps.

Tournois de foot, où l'esprit d'équipe

s'épanouit, Les Grairi répandent la joie, où qu'ils soient réunis. Mustapha et Meiriam, piliers de cette épopée, Leurs enfants, étoiles filantes, sur le terrain s'envolent avec fierté.

Le chant des vagues se mêle au cri des supporters, Les dimanches deviennent des instants de pur bonheur.

Mustapha, bâtisseur des mers, et Meiriam, gardienne du foyer, Leur amour, un socle solide, une légende à perpétuer.

Dans l'ombre des vagues et des rêves qui s'esquissent, La famille Grairi, unie, tisse son histoire sans artifice. Mustapha et Myriam, ancrés dans l'éternité, Leur amour, un navire qui navigue vers l'infini, en toute sérénité. Et sous le voile doux de l'Islam, notre famille s'épanouit, Une rose multicolore dans un jardin où l'amour fleurit. D'origine musulmane, mais ouverte et tolérante, Nous tissons des liens forts, une trame bienveillante.

L'Aïd, joyeuse fête qui réunit cœurs et âmes, La table se pare de mets délicats, comme une déclaration de flamme. Le partage, valeur qui transcende toute frontière, Autour d'un repas généreux, la famille entière.

Mais notre cœur, grand comme le ciel étoilé, Ne connaît pas de frontières, pas de limites imposées. Noël, fête de l'autre rive, s'invite à notre table, Un échange de sourires, une harmonie inaltérable.

Les anniversaires, occasions de célébrer la vie, chacun, une étoile dans la galaxie familiale infinie. La table, œuvre d'art gastronomique, un tableau vivant, Où se mêlent saveurs orientales et occidentales, harmonie éblouissante. Nos différences, trésors qui enrichissent notre destin, La tolérance, une boussole qui guide nos lendemains. Chaque repas, une ode à l'unité, à la diversité, La belle tablée, reflet de notre amour et de notre générosité. Au-delà des dogmes, des traditions et des croyances, Notre famille, un phare d'amour, une belle romance. Nous célébrons l'humanité dans toute sa splendeur, Autour d'une table, symbole de notre fraternité et de bonheur.

Que nos repas soient des moments d'échange infini, Une alliance de saveurs, de rires et d'infini. Notre famille, une mosaïque de cœurs en communion, Ouverture d'esprit et amour, notre plus belle religion.

ENFIN LES VANCANCES

Au doux rythme des vacances scolaires, direction la Tunisie en liesse, Un périple joyeux, une évasion, une parenthèse de tendresse. Retrouvailles attendues avec la grand-mère et le grand-père chéris, Là où les souvenirs dansent, où l'amour fleurit.
La médina s'anime, les ruelles s'éveillent, Sous le soleil d'or, l'air de Tunis se réveille. La grand-mère, gardienne des traditions, des récits, Ouvre ses bras, son cœur, dévoilant un monde infini.
Les saveurs épicées chatouillent nos papilles, Les ruelles serpentent, le parfum d'une aventure s'installe. Marchés animés, tissus aux couleurs éclatantes, La Tunisie, un tableau vivant, une émotion palpitante.
Dans le patio, les contes s'égrènent

comme des perles, La grand-mère, trésorière des sagesses, des merveilles. Le grand-père, guide éclairé, nous emmène à la découverte, D'une Tunisie riche, où le passé et le présent se concertent.

Sous la tonnelle, les repas deviennent des festins, fricassé parfumé, méchoui tendre, délices de raisins. La table se pare de mets typiques, épicés et enivrants, Symphonie de saveurs, éveil des sens enivrant.

Sur la plage, pieds dans le sable, l'horizon infini, Des vagues complices, des rires qui s'envolent, l'infini. La famille réunie, les liens qui se renforcent, Les vacances en famille, une parenthèse où chaque instant est une source.

Excursions dans le désert, oasis de découvertes, Le coucher de soleil, un tableau qui fait naître des rêves. La Tunisie, pays de contrastes, de beauté sauvage, Dans chaque coin, une histoire, une page.

Dans le village de Toukabeur, entre les sentiers de poussière, À dos d'âne, quête ancestrale, en partie à la source légère. À la recherche d'eau pure, précieux élixir, Les ânes portent nos rêves, nos espoirs à conquérir.

Les collines s'étendent, la nature comme compagne, Le bruit des sabots résonne, une mélodie en campagne. On puise à la source de Toukabeur, comme nos aïeux faisaient, Un rituel immuable, une communion avec le bienfait.

Au galop, notre cheval « Yasmine » un pur-sang devient notre destrier, Sous le ciel ouvert, on s'évade, on laisse tout derrière. Le vent dans les cheveux, la liberté comme étendard, Les rires résonnent, échos d'une vie au hasard.

Sous l'ombre des arbres, on s'assoit en cercle, Les cartes s'étalent, le jeu devient une merveille la Chkobba. Le village, un théâtre où l'amitié est célébrée.

Les arbres fruitiers offrent leurs trésors dorés, Cueillette joyeuse, récolte des fruits de saison partagées. Les paniers se remplissent de couleurs et de saveurs, Les rires des enfants, une symphonie dans l'ardeur.

Sous l'ombre clémente de l'après-midi, La sieste devient un doux hymne à la quiétude infinie. À l'ombre des figuiers, des oliviers, des mûriers, On s'abandonne au sommeil, au rêve, à la magie.

Le village, témoin des jours qui s'égrènent, Où l'eau de la source murmure, où la nature nous traîne. À dos d'âne, sous les frondaisons, Chaque journée devient une chanson éternelle.

Les vacances scolaires, une trêve bienvenue, Un retour aux racines, une aventure qui s'invite. La Tunisie, toile de fond de cette épopée en famille, Riche de couleurs, d'arômes, d'amour qui scintille. Dans le cœur de notre maison, au creux des montagnes, S'éveille un rituel qui transcende les campagnes. C'est le temps de créer, de concocter l'harissa maison, Un héritage ancestral, une tradition, une passion.

NOTRE PRECIEUX TERROIR PASSAGER DE NOTRE VOYAGE

Les graines du couscous, petites perles de blé, sont le point de départ, l'amorce de notre quête. Nous les récoltons avec soin, les laissant sécher au soleil, Leur douce fragrance évoque le labeur des champs vermeils.

Dans le mortier, compagnon ancestral de nos mains, les graines sont broyées, créant une farine divine. Un processus prêté, un acte d'amour et de patience, où l'histoire de notre terroir prend toute son essence.

Les épices, trésors colorés de nos armoires, sont sélectionnés avec sagesse, selon les histoires. Cumin, coriandre, carvi, chaque note à son rôle, Dans cette symphonie épicée, où chaque épice dévoile.

Au cœur de la cuisine, la marmite s'anime, Les graines de couscous, la farine, les épices, on estime. Eau chaude et amour s'entrelacent dans le chaudron, Créant une pâte onctueuse, une fusion, une passion.

Le parfum s'élève, envoûtant chaque

coin de la maison, L'harissa prend forme, nectar rouge, incarnation. Tomates, poivrons rouges, ail, huile d'olive, ajoutés, la magie opère, l'harissa, symbole de notre fierté.

Le tout mijote, danse dans la marmite comme un poème, Le feu crépite, l'arôme embaume, le repas suprême.

Chaque ingrédient, un lien avec nos ancêtres, Chaque saveur, une empreinte de notre être.

Et voilà, dans l'ombre des montagnes éternelles, L'harissa maison, fruit d'un labeur qui s'épanouit tellement elle réchauffe nos plats, notre âme, notre foyer, Une tradition vivante, un héritage à perpétuer.

Dans le quartier pittoresque de La Goulette, où les vagues de la mer Méditerranée viennent caresser la côte tunisienne, se déroule une histoire unique tissée de liens entre des familles tunisiennes, juives et italiennes. Au cœur de ce creuset culturel, les différences religieuses se dissolvent dans une atmosphère de tolérance et de partage.

UN SOIR A LA GOULETTE

Au début de chaque année, une tradition particulière s'installe dans ce quartier chaleureux. Les familles se réunissent pour célébrer une journée spéciale, une fête où les frontières culturelles et religieuses s'estompent.
C'est lors de ces festivités que les parents, chacun fier de la richesse culinaire de sa culture, décident d'organiser un échange gastronomique.
Les matriarches des familles, ensembles, se retrouvent dans les cuisines, échangeant des secrets et des recettes ancestrales.
Une famille tunisienne prépare le couscous, symbole de convivialité et de partage. Une famille juive apporte ses plats traditionnels comme la Pkaila, riches en saveurs épicées. Les Italiens, quant à eux, apportent leurs pâtes fraîches et leurs sauces aux arômes envoûtants. Chaque famille met tout son cœur dans la préparation de ces mets, créant ainsi une véritable symphonie de saveurs.

Pendant que les matriarches s'affairent dans les cuisines, les pères et les enfants décorent les maisons avec des guirlandes aux couleurs de la Tunisie, d'Israël et de l'Italie, symbolisant l'unité au-delà des différences.

Le moment tant attendu arrive enfin. Les familles se rassemblent autour d'une grande table où trônent les plats préparés avec amour et dévouement. Chacun s'assoit côte à côte, partageant des sourires complices et des histoires de leurs terres d'origine.
Les saveurs se mélangent dans une explosion de bonheur sur les papilles. Le couscous tunisien, la Pkaila juive, les pâtes italiennes, tous s'entremêlent pour créer une expérience culinaire inoubliable.
Pendant ce repas, les conversations s'étendent au-delà des différences religieuses.
Les langues se mêlent, l'arabe, l'hébreu, l'italien, formant une harmonie linguistique qui reflète l'unité dans la diversité.
À la fin de la journée, alors que les étoiles scintillaient au-dessus de

coucher du soleil à La Goulette, l'air s'emplit de mélodies enchanteresses. Les ruelles résonnent du son lointain d'une mandoline italienne, du doux murmure d'une oud tunisienne, et des accords rythmés d'un violon juif. Ces notes, représentant les racines musicales des différentes communautés, se rencontrent harmonieusement dans l'atmosphère maritime de ce quartier cosmopolite.

Les familles se rassemblent dans une cour ensoleillée, décorée de tissus chatoyants aux couleurs vibrantes de chaque culture.

Pendant que les matriarches s'affairent Un oud tunisien s'accorde avec une mandoline italienne, tandis qu'un violon juif émet des notes douces. Les sons se fondent, créant une atmosphère musicale où les frontières culturelles n'existent plus.

Les enfants, impatients et joyeux, dansent au rythme de cette fusion musicale. Des pas de danse tunisiens, des pirouettes italiennes, et des mouvements empreints de la grâce juive s'entremêlent sur le sol chaud de la cour.

À mesure que la nuit avance, les étoiles observent cette célébration cosmopolite. Les instruments jouent des mélodies entraînantes, invitant tout le quartier à se joindre à la fête. Des chants joyeux en arabe, hébreu et italien s'élèvent dans l'air, créant une véritable symphonie de coexistence pacifique.

La soirée se termine avec des rires partagés, des échanges de recettes et des souvenirs gravés dans le cœur de chaque participant. La musique persiste dans l'air, un doux rappel que, malgré nos différences, la mélodie de l'humanité peut être harmonieuse et belle lorsque nous choisissons de partager nos richesses culturelles.

UN ETE A SIDI BOU SAID

À Sidi Bou Said, chaque année, quand les bougainvillées embrassent les rues de leurs éclats pourpres et que la mer Méditerranée scintille sous la caresse du soleil d'été, une atmosphère de mystère et de célébration envahit le village. C'est à la mi-août que lors de la nuit étoilée, que Julie et la communauté juive se rassemblent pour une fête mystique inoubliable appelée la *"Kharja"*.

La place principale du village, ornée de lanternes colorées, devient le cœur vibrant de l'événement. Les habitants et Julie, vêtus de blanc, se préparent avec soin pour cette nuit particulière.

La Kharja, dont le nom signifie "sortie" en arabe, symbolise le moment où la communauté se libère du poids de l'année passée et se prépare à accueillir la nouvelle saison. Au crépuscule, les premières notes d'une musique envoûtante s'élèvent dans l'air, interprétées par des musiciens locaux. Les mélodies orientales se mélangent aux accords modernes, créant une ambiance unique qui traverse les âges. Les ruelles de Sidi Bou Said s'animent de danses spontanées, les pieds des danseurs et de Julie suivent le rythme hypnotique.

La place s'illumine de bougies, créant une lumière douce qui danse sur les visages souriants. Les habitants allument également des lanternes de papier, les laissant s'envoler dans le ciel étoilé comme autant de vœux pour l'année à venir. Au sommet de la colline, la vieille mosquée de Sidi Bou Said se dévoile dans toute sa splendeur. Les villageois se dirigent silencieusement vers le sanctuaire, portant des offrandes de fleurs et de bougies.

Les chants mystiques résonnent dans la nuit, créant une atmosphère spirituelle et transcendante a jamais gravé dans l'esprit de Julie.

La Kharja atteint son apogée lorsque le célébrant local, vêtu de blanc et portant une écharpe brillante, émerge de la mosquée.

Il transporte avec lui une urne ornée de rubans colorés, contenant les souhaits écrits par les villageois pour la nouvelle année. Les prières et les aspirations sont offertes au ciel, emportées par le souffle de la brise nocturne.

La soirée se poursuit par un grand banquet partagé par tous. Les tables débordent de mets délicieux, mélange de saveurs tunisiennes traditionnelles et de créations modernes.

La Kharja devient alors une célébration de l'unité dans la diversité, où Julie et les générations se mêlent, où les histoires se racontent, et où l'amour pour Sidi Bou Said s'exprime à travers chaque.

À l'aube, quand les étoiles commencent à pâlir, les habitants de Sidi Bou Said se dispersent, emportant avec eux les souvenirs de la Kharja. Laissant la place principale en silence, le village s'endort paisiblement et Julie est prête à accueillir un nouveau chapitre de son histoire mystique l'année suivante.

« INDEPENDANCE »

Chaque année, en Tunisie, le 20 mars, une effervescence particulière envahit les rues, les places publiques et les cœurs de chaque citoyen. C'est le jour de la fête de l'indépendance, une journée dédiée à commémorer le moment historique où la Tunisie a proclamé sa souveraineté nationale en 1956.

Dès le lever du soleil, les rues s'habillent des couleurs rouge et blanc du drapeau tunisien. Des défilés militaires défilent, fières et solennelles, le long des artères principales des villes. Les soldats en uniforme, les tambours résonnants et les drapeaux qui flottent au vent créent une symphonie visuelle et sonore qui inspire le respect et la fierté.

Au-delà des défilés militaires, la journée de l'indépendance est également une célébration populaire. Les écoles, les associations et les institutions participent en organisant des événements culturels, des compétitions sportives et des concerts, créant une ambiance joyeuse et festive.

Les citoyens se rassemblent sur les places publiques, ornées de banderoles et de décorations festives. Les discours officiels rappellent l'importance de cette journée dans l'histoire du pays et mettent en avant les valeurs de liberté, d'unité et de progrès.

Les jeunes générations participent activement, organisant des performances artistiques, des danses folkloriques, et des expositions qui retiennent la richesse culturelle de la Tunisie. Les chants patriotiques résonnent dans l'air, créant une ambiance pleine de ferveur et de solidarité.

La soirée est souvent couronnée par un feu d'artifice spectaculaire qui illumine le ciel de couleurs vives. Les familles se réunissent pour partager des repas festifs, marqués par des plats traditionnels tunisiens, symboles de l'identité culinaire du pays.

La fête de l'indépendance en Tunisie

n'est pas seulement un jour de célébration, mais aussi une occasion de réfléchir sur l'héritage des générations passées et de renouveler l'engagement envers les motivations de liberté, de dignité et de progrès.

Alors que les feux d'artifice éclairent le ciel et que les rires résonnent dans les rues, la Tunisie célèbre avec éclat son indépendance, rappelant à tous le chemin parcouru et les défis à relever pour un avenir encore plus radieux.

SOIREE DU MOULOUD

Rachid, un homme au cœur chaleureux, vivait dans un petit village ancestral. Chaque année, au mois de Rabi' al-Awwal, Rachid célébrait avec une ferveur particulière la tradition du Mouloud, la naissance du Prophète Muhammad.

Les préparatifs pour cette célébration débutaient plusieurs semaines à l'avance. Rachid, avec sa famille et ses voisins, décorait la maison. La douce odeur des pâtisseries traditionnelles emplissait l'air, signe que la fête s'approchait. Mais la pièce maîtresse de la célébration était incontestablement le repas qu'il préparait avec amour pour sa communauté. Rachid était connu pour sa générosité, son humour et son partage. Il passait des heures à préparer un plat qui réchauffait les cœurs.

Le jour du Mouloud, la maison de Rachid s'ouvrait à tous. Amis, voisins, et même des étrangers étaient accueillis avec un sourire chaleureux.

La table était un spectacle.

Pendant le repas, Rachid partageait des histoires du Prophète Muhammad, des récits qui apportaient sagesse et inspiration à tous les convives.

Après le repas, Rachid invitait tout le monde à participer à une veillée spirituelle. Des chants dévotionnels résonnaient, créant une atmosphère de paix et de recueillement.

Les rires et les prières fusionnaient, réalisant un lien profond entre les membres de la communauté.

Au fil des années, la célébration du Mouloud chez Rachid est devenue une tradition ancrée, une source de joie pour tous ceux qui avaient la chance d'y participer. Cette histoire de générosité, de partage et de célébration rappelle que, au-delà des différences, la tradition peut être un fil qui unit les cœurs, créant des liens durables entre les individus d'une communauté.

UN SOIR DE JAZZ A CARTHAGE

Azdine et Myriam, un couple passionné de musique, attendaient avec impatience l'arrivée du printemps, synonyme du légendaire Festival de Jazz de Carthage. Chaque année, ils se plongeaient dans cette expérience unique, unissant leur amour pour la musique et la magie de ce rendez-vous culturel incontournable.

L'histoire commence dans le charmant quartier de La Marsa, où Azdine et Myriam vivent depuis des années. Dès l'annonce des dates du festival, une énergie électrique s'emparait d'eux.

Azdine, grand amateur de jazz, avait une passion dévorante pour les sons du saxophone et les rythmes syncopés, tandis que Myriam, artiste dans l'âme, était séduite par la diversité des genres et la créativité des musiciens.

Le Festival de Jazz de Carthage était bien plus qu'un simple événement musical pour ce couple. C'était un voyage à travers les émotions, une immersion dans des notes qui transcendaient les frontières.

Ils se souvenaient encore du premier festival auquel ils avaient assisté ensemble, il y a de cela de nombreuses années, lorsque leur amour avait commencé à s'épanouir.

Chaque année, Azdine et Myriam assistaient au programme avec impatience. Ils planifiaient minutieusement leur participation à chaque concert, explorant la richesse des artistes internationaux et locaux. Des ruelles pittoresques de la Médina aux amphithéâtres antiques de Carthage, le couple vivait chaque note comme un trésor à chérir.

Les jours du festival étaient des toiles sur lesquelles se peignait l'harmonie de leur amour. Ils déambulaient main dans la main entre les stands d'artisans locaux, partageant des éclats de rire, des découvertes culinaires et des moments d'émerveillement face aux performances exceptionnelles.

Un soir, alors qu'ils étaient assis dans l'amphithéâtre romain de Carthage, entouré de la douce brise méditerranéenne, Azdine prit la main de Myriam et lui dit doucement : "Chaque année, ce festival devient un chapitre de notre histoire. Les notes que nous écoutons ici, elles résonnent dans nos vies, dans notre amour."

Myriam, les yeux brillants d'émotion, a répondu : "Oui, mon amour. Ces mélodies sont les témoins de notre parcours, de nos rêves partagés, et de toutes les émotions qui dansent en nous."

Et ainsi, Azdine et Myriam continuaient d'écrire leur histoire, une symphonie d'amour et de passion, au rythme du Festival de Jazz de Carthage, année après année. Chaque édition apportait de nouvelles notes à leur composition, une mélodie éternelle qui vibrait au cœur de leur vie.

PELERINAGE A DJERBA

Chaque année, à l'approche du printemps, une rumeur douce se propage dans les ruelles blanches de Djerba. Cathy, Benjamin et les habitants se préparent pour le pèlerinage de Ghriba, laissant derrière eux l'agitation quotidienne pour se tourner vers la spiritualité et la tradition.

L'histoire de Ghriba remonte à des temps anciens, où une sainte femme, vénérée pour sa sagesse et sa bonté, a été enterrée sur cette terre sacrée. La légende raconte que chaque année, au printemps, la sainte femme revient à la vie pour bénir les visiteurs et diffuser ses bienfaits.

Le pèlerinage commence bien avant le jour prévu. Les pèlerins, hommes, femmes et enfants, convergent vers Djerba, traversant des champs d'oliviers argentés et des villages endormis. Ils portent avec eux des offrandes de fruits, de fleurs, et de gâteaux sucrés, symboles de gratitude et de dévotion.

Le sanctuaire de Ghriba, perché sur une colline paisible, devient le lieu de rassemblement. Cathy, Benjamin et les pèlerins se recueillent devant le mausolée, prient, et déposent leurs offrandes avec respect. L'atmosphère vibre d'une énergie spirituelle, empreinte de prières silencieuses et de parfums envoûtants.

La journée se poursuit dans une atmosphère festive. Les pèlerins se réunissent pour partager des repas copieux préparés avec amour, mettant en commun leurs spécialités culinaires régionales. Les rires résonnent dans l'air, des musiciens entament des mélodies traditionnelles, et des danses spontanées se forment, créant une communion joyeuse et harmonieuse.

La nuit tombe doucement sur Djerba, mais la fête continue. Des lumières scintillantes, des conteurs partagent des légendes séculaires, et des feux de joie crépitent, illuminant le ciel étoilé. Cathy, Benjamin et les pèlerins, dans un état d'esprit de paix et de sérénité, se retirent pour la nuit, bercés par le murmure doux de la mer.

Le lendemain, après une nuit de célébration, les pèlerins quittent Ghriba avec le cœur apaisé et l'âme régénérée. La légende de la sainte femme continue de vivre dans chaque coin de Djerba, et le pèlerinage de Ghriba demeure une ode à la spiritualité, à la tolérance et à l'unité qui caractérisent cette île enchanteresse.

RACINES & PRENOMS

Voici quelques prénoms tunisiens courants, accompagnés de leur signification. Il est important de noter que la signification des prénoms peut varier en fonction des interprétations culturelles et régionales. Ces significations sont souvent basées sur des racines arabes et peuvent également être influencées par des éléments culturels ou religieux.

"Fouad" est un prénom masculin d'origine arabe. Il est utilisé dans plusieurs pays arabophones, y compris la Tunisie, et signifie "cœur" ou "cœur de lion". C'est un prénom qui peut porter des connotations positives, évoquant la force, le courage et la noblesse. Vous pourriez par exemple rencontrer des variantes telles que "Fuad" ou "Foued".

"Sabah" est un prénom féminin d'origine arabe. C'est également le mot arabe pour "matin". Ce prénom est utilisé dans plusieurs pays arabophones, y compris en Tunisie.

La signification du prénom « Sabah » évoque souvent la fraîcheur du matin et peut symboliser la pureté et le renouveau. Les prénoms liés à des éléments naturels tels que le temps, la nature ou les moments de la journée sont courants dans les cultures arabes.

"Fares" est un prénom masculin d'origine arabe. Ce prénom est utilisé dans plusieurs pays arabophones, y compris en Tunisie. "Fares" signifie littéralement "chevalier" ou "cavalier" en arabe. Il porte souvent une connotation de bravoure, de courage et de noblesse, associée à l'image d'un chevalier ou d'un guerrier.

Ce prénom est populaire dans les cultures arabes en raison de sa signification positive et de son lien avec des qualités valorisées telles que la force, le courage et l'honneur. Vous pouvez rencontrer des formes alternatives telles que "Farris" ou "Faris".

"Kenza" est un prénom féminin d'origine arabe. Ce prénom est largement utilisé dans les pays arabophones, y compris en Tunisie. "Kenza" signifie "trésor" ou "trésor caché" en arabe. Il évoque souvent quelque chose de précieux, de précieux, ou de valeur. Ce prénom est populaire en raison de sa signification positive et de son association avec la notion de richesse ou de trésor. Il est souvent choisi pour exprimer l'idée que l'enfant est perçu comme une source de joie et de bonheur, un trésor précieux pour la famille. "Kenza" peut également être écrit de différentes manières, notamment "Kenzy" ou "Kenzi", et peut varier en orthographe. **"Suleiman"** ou "Souleiman" est un prénom masculin d'origine arabe. Il est largement utilisé dans le monde arabe, y compris en Tunisie, ainsi que dans d'autres régions du Moyen-Orient et de l'Afrique du Nord. Le prénom "Suleiman" est la version arabe du nom biblique Salomon.

La signification du prénom « Suleiman » est souvent interprétée comme « l'homme de paix » ou « celui qui apporte la paix ». Il est également associé à la sagesse et à la prospérité en référence au roi Salomon de la Bible, qui est réputé pour sa sagesse et sa richesse.

Ce prénom est populaire dans de nombreuses cultures arabes en raison de son caractère positif et de son héritage religieux et culturel. Il peut s'orthographier "Sulaiman" ou "Soliman".

Medjez-el-Bab

Est une ville située dans le nord-ouest de la Tunisie.

Medjez-el-Bab se trouve dans la région du Kef, au nord-ouest de la Tunisie, à environ 60 kilomètres au sud-ouest de Tunis, la capitale. La ville a une histoire ancienne, et elle a été le théâtre de plusieurs événements historiques. Pendant la Seconde Guerre mondiale, en décembre 1942, Medjez-el-Bab a été le lieu de la bataille de un affrontement entre les forces alliées et l'Afrika Korps allemand. La population de Medjez-el-Bab est composée de personnes de diverses origines, contribuant à la richesse culturelle de la région. L'économie de Medjez-el-Bab repose souvent sur l'agriculture, avec des terres fertiles pour la culture des olives, des céréales et d'autres produits agricoles. Monuments et Sites : La ville peut avoir des sites historiques et des monuments, y compris des vestiges de la période romaine et des structures architecturales plus récentes. Comme beaucoup de villes tunisiennes, Medjez-el-Bab est imprégnée de culture locale, avec des traditions, des festivals et des événements communautaires qui reflètent l'histoire et l'identité de la région. Elle est accessible par la route depuis Tunis et d'autres villes voisines. Les transports en commun tels que les autobus peuvent également être utilisés pour se déplacer dans la région. La ville est entourée d'un environnement naturel diversifié, caractérisé par des collines, des oliveraies et des paysages méditerranéens. Bien que Medjez-el-Bab ne soit pas aussi touristique que certaines autres régions de la Tunisie, elle peut offrir aux visiteurs une expérience authentique loin des destinations touristiques plus fréquentes.

Les Splendeurs de la Tunisie
Un Voyage au Cœur de la Richesse, de la Générosité et de l'Hospitalité.

Il était une fois, au cœur de l'Afrique du Nord, une terre riche d'histoire et de traditions, la Tunisie. Ce pays, avec son passé antique et sa position géographique stratégique, est une perle méditerranéenne qui charme quiconque se laisse envelopper par ses trésors.

Située à la croisée des civilisations, la Tunisie a vu passer les Phéniciens, les Romains, les Arabes, les Ottomans, et bien d'autres encore. Cette mosaïque culturelle a laissé une empreinte indélébile sur le pays, créant un héritage unique où les vestiges de Carthage rivalisent avec les médinas préservées et les souks animés.

La richesse de la Tunisie ne réside pas seulement dans ses monuments historiques, mais aussi dans la générosité de son territoire. Les vastes étendus d'oliveraies, les vergers d'agrumes aux couleurs éclatantes, et les plages de sable fin qui bordent la Méditerranée sont autant de cadeaux que la nature offre à ses habitants.

C'est au détour des ruelles étroites des médinas que l'hospitalité tunisienne prend tout son sens. Chaque visiteur est accueilli avec un sourire chaleureux et une tasse de thé à la menthe, une tradition ancrée dans le tissu social du pays. Les Tunisiens, fiers de partager leur culture, invitent les étrangers à s'immerger dans leur quotidien, créant des liens qui vont au-delà des frontières.

La position géographique de la Tunisie, entre l'Orient et l'Occident, a façonné son identité culinaire. Les saveurs exquises de la cuisine tunisienne sont un hymne à la diversité.

Des plats épicés du sud aux délices méditerranéens du nord, chaque bouchée raconte une histoire de traditions familiales transmises de génération en génération.

Les cités historiques de Tunis, Carthage et Sidi Bou Saïd, parées de murs blanchis à la chaux et de portes bleues, sont des témoins muets d'une époque révolue. Cependant, elles vibrent toujours au rythme des artisans qui perpétuent les métiers ancestraux et des conteurs qui partagent des légendes séculaires. L'économie tunisienne, tissée entre traditions et modernité, se développe grâce à une main-d'œuvre qualifiée et à une ouverture sur le monde. Les zones côtières sont des pôles touristiques florissants, attirant des visiteurs en quête d'expériences authentiques et de paysages à couper le souffle. La jeunesse tunisienne, éduquée et dynamique, est le fer de lance de l'innovation et du progrès. Les start-ups fleurissent, portées par des esprits créatifs qui s'inspirent de la richesse culturelle de leur pays. Les universités, pépinières de talents, contribuent à façonner un avenir prometteur. Les ressources naturelles, telles que le phosphate et l'huile d'olive, sont des trésors économiques. Cependant, la Tunisie cherche à diversifier son économie, en s'appuyant sur le savoir-faire de sa population et sa volonté de s'inscrire dans la transition vers une économie plus durable.

La Femme Tunisienne

La question du statut et des droits des femmes en Tunisie a été un sujet important tout au long de l'histoire du pays, et elle a connu des évolutions significatives au fil du temps. Habib Bourguiba, le premier président de la République tunisienne après l'indépendance, a introduit des réformes juridiques importantes en faveur des droits des femmes dans les années 1950 et 1960. Ces réformes ont aboli la polygamie, établi l'égalité en matière d'héritage entre les sexes, et favorisé l'éducation des femmes.

Le Code du statut personnel (CSP), promulgué en 1956, a été une étape majeure dans la promotion des droits des femmes en Tunisie. Il a établi des principes d'égalité entre les sexes dans plusieurs domaines, abolissant des pratiques discriminatoires et garantissant certains droits aux femmes, notamment en matière de mariage, de divorce et d'héritage. La Tunisie a réussi à élargir l'accès à l'éducation pour les femmes.

Aujourd'hui, les femmes tunisiennes ont un accès relativement égal à l'éducation, y compris à l'enseignement supérieur, ce qui a eu un impact positif sur leur participation dans la vie publique. Les femmes tunisiennes ont activement participé à la vie politique du pays, tant en tant qu'électrices que candidates.

La Tunisie a vu l'élection des femmes à des postes importants, et la Constitution adoptée en 2014 garantit l'égalité entre hommes et femmes en matière de représentation politique. Malgré ces avancés, des défis persistants. Les femmes en Tunisie peuvent encore être confrontées à des inégalités économiques, des discriminations sur le lieu de travail et des défis sociaux. La question de la violence à l'égard des femmes demeure également une souffrance. La société tunisienne a connu des changements sociaux, et de nombreuses femmes sont actives dans divers domaines tels que les affaires, la médecine, le droit et la culture. Combat pour les droits des femmes : Des organisations et activistes en

Tunisie continuent de plaider pour l'élimination des discriminations basées sur le genre et pour la promotion des droits des femmes. Les mouvements féministes ont joué un rôle crucial dans la sensibilisation et la mobilisation pour faire avancer la cause des femmes.

En résumé, la Tunisie a connu des avancées importantes en matière de droits des femmes, mais il subsiste des défis à surmonter pour parvenir à une égalité totale entre les sexes dans tous les aspects de la société.

Présence Juive

La Tunisie a une longue histoire de présence juive, et de nombreux Juifs tunisiens ont contribué de manière significative à divers domaines tels que la politique, la littérature, la musique, et plus encore.

- *René Trabelsi* : Né en Tunisie, René Trabelsi est un homme d'affaires et homme politique. Il a été ministre du Tourisme du gouvernement tunisien. Il est également membre de la communauté juive tunisienne.

- *Albert Memmi* : Écrivain, essayiste et sociologue né en Tunisie dans une famille juive. Il est surtout connu pour ses œuvres littéraires et ses écrits sur la colonisation.
- *Claude Sitbon* : Un écrivain, poète et dramaturge tunisien d'origine juive. Il a contribué à la littérature tunisienne avec des œuvres en français.
- *Habib Kazdaghli* : Historien et universitaire tunisien, Habib Kazdaghli a été le doyen de la Faculté des Lettres, des Arts et des Humanités de la Manouba. Il a été impliqué dans des initiatives visant à préserver le patrimoine juif en Tunisie.
- *Perez Trabelsi* : père du ministre tunisien du tourisme René Trabelsi, il est le président de la communauté juive de Djerba, une île tunisienne connue pour sa présence juive ancienne et continue.

- *Yehouda Elkana* : Philosophe, historien des sciences et éducateur, Elkana est né en Tunisie. Il a été un érudit renommé et a occupé des postes académiques dans le monde entier.
- *Irène Némirovsky* : Bien que née en Russie, l'écrivaine Irène Némirovsky a grandi en France, mais une partie de sa famille était d'origine juive tunisienne. Elle est surtout connue pour son roman "Suite française".
- *Ralph Toledano* : Homme d'affaires et président de la Chambre de commerce tunisienne-française, Ralph Toledano a joué un rôle important dans les relations économiques et commerciales entre la Tunisie et la France.

Il est important de noter que la présence juive en Tunisie remonte à des siècles, et la communauté juive a laissé une empreinte significative sur l'histoire, la culture et la société tunisiennes.

Ces personnalités font ressortir une partie de cette riche contribution.

REGARD SUR LE MONDE

Le regard que le monde entier porte sur la Tunisie peut varier en fonction de divers facteurs tels que la politique, l'économie, la culture, le tourisme et d'autres aspects.

Quelques points qui peuvent influencer la perception internationale.

La Tunisie a été le premier pays à connaître le Printemps arabe en 2011, conduisant à la chute du président Zine El Abidine Ben Ali. Le succès de la Tunisie dans sa transition vers la démocratie a été largement salué à l'échelle internationale et a renforcé une image positive du pays. La stabilité politique relative en Tunisie, comparée à d'autres pays de la région, a contribué à une perception positive. Le pays a réussi à maintenir une transition politique relativement pacifique, avec des élections démocratiques et un multipartisme. La Tunisie est une destination touristique populaire, attirant des visiteurs du monde entier pour ses plages, son histoire, sa culture et son patrimoine. Cependant, l'industrie a été affectée par des incidents sécuritaires, notamment des attentats en 2015. Les défis économiques, tels que le chômage élevé chez les jeunes, peuvent influencer la perception économique de la Tunisie. Les efforts pour stimuler l'investissement et promouvoir la croissance économique sont des aspects importants. La Tunisie a une histoire riche et une culture diversifiée. Les sites historiques tels que Carthage et les médinas de Tunis et Sousse sont reconnus mondialement. La culture tunisienne, y compris la cuisine et les arts, contribue également à son image. Les questions relatives aux droits de l'homme, y compris la liberté d'expression et la situation des minorités, peuvent influencer la perception internationale.

Des préoccupations ont été soulevées dans le passé en ce qui concerne les droits de l'homme en Tunisie. La Tunisie est impliquée dans des partenariats et des engagements internationaux. Sa participation à des forums régionaux et internationaux, ainsi que son rôle dans la médiation et la diplomatie, peuvent façonner son image à l'échelle mondiale.

En résumé, la perception de la Tunisie à l'échelle mondiale est souvent positive, en particulier en raison de sa transition démocratique réussie. Cependant, des défis subsistants, et la manière dont le pays aborde ces défis peut également influencer l'opinion internationale.

LA JEUNESSE TUNISIENNE

Elle joue un rôle crucial dans le développement du pays et a été un acteur majeur des événements politiques et sociaux. La Tunisie a investi dans l'éducation, et de nombreux jeunes ont accès à l'éducation primaire et secondaire. Les universités tunisiennes attirent également un nombre croissant d'étudiants. Le chômage des jeunes est l'un des défis majeurs ; Malgré l'augmentation du niveau d'éducation, de nombreux jeunes diplômés ont du mal à trouver un emploi correspondant à leurs qualifications. La jeunesse tunisienne a été au cœur du mouvement de protestation qui a conduit à la révolution de 2011. Les jeunes ont manifesté contre le chômage, la corruption et les restrictions politiques, réclamant des réformes significatives.

Comme dans de nombreux pays, la jeunesse tunisienne est fortement connectée via les médias sociaux. Ces plateformes ont été utilisées pour la mobilisation sociale et politique, permettant aux jeunes de partager des idées, d'organiser des événements et de s'exprimer. La jeunesse tunisienne est diversifiée sur le plan culturel, linguistique et social. Les jeunes sont souvent exposés à des influences internationales à travers les médias, la musique et la culture populaire.

Certains jeunes Tunisiens recherchent des opportunités à l'étranger en raison des défis économiques et du chômage. L'émigration peut être perçue comme une solution à court terme pour améliorer les perspectives d'emploi. La jeunesse tunisienne continue de jouer un rôle actif dans la vie politique du pays. Des organisations de jeunesse, des initiatives civiques et des projets communautaires sont mis en place pour promouvoir la participation politique et sociale.

En résumé, la jeunesse tunisienne est dynamique, instruite et aspire à des changements positifs dans la société. Elle a été un moteur de transformations politiques et sociales, et son rôle continuera probablement d'évoluer dans le contexte de la

Tunisie moderne.
HISTOIRE AU DEPART
Le Bey de Tunis

Moncef Bey, de son nom complet Moncef Bey Ben Naceur, était le dernier bey de Tunis, une fonction qui était le titre traditionnel du souverain régnant sur le royaume de Tunis jusqu'à l'instauration du protectorat français en 1881. Né en 1881, Moncef Bey a joué un rôle important dans la période de transition vers l'indépendance de la Tunisie. Moncef Bey a accédé au trône en 1942, succédant à son frère Lamine Bey. Son règne a été marqué par des défis importants, notamment la Seconde Guerre mondiale et les mouvements nationalistes qui revendiquaient l'indépendance de la Tunisie. Après la fin de la Seconde Guerre mondiale en 1945, le mouvement nationaliste tunisien s'est intensifié, réclamant l'indépendance du pays du protectorat français. Moncef Bey a joué un rôle dans ces développements en tant que figure symbolique, mais le mouvement était largement mené par des dirigeants nationalistes tels que Habib Bourguiba. En 1956, avec la pression croissante du mouvement nationaliste et des négociations internationales, la Tunisie a obtenu son indépendance de la France. Habib Bourguiba est devenu Premier ministre, et Moncef Bey a été destitué de ses fonctions de chef d'État. La Tunisie est devenue une république. Après sa misère, Moncef Bey a quitté la Tunisie et a vécu en exil. Il est décédé en 1967 à Paris. Moncef Bey a ainsi été témoin de la transition de la Tunisie de la période du protectorat à son indépendance. Bien que son rôle ait été surtout symbolique à la fin de son règne, il demeure une figure historique de cette période charnière dans l'histoire tunisienne.

Quelques anecdotes intéressantes liées à l'histoire de la Tunisie

Le nom "Tunisie" dérive de la ville de Tunis, la capitale du pays. Il a une origine ancienne, remontant à l'Antiquité. Certains historiens pensent que le nom pourrait provenir du mot berbère "Tnns", qui signifie "colline" ou "promontoire".

Hannibal Barca, le célèbre général carthaginois, est connu pour sa traversée des Alpes avec des éléphants lors de la Deuxième Guerre punique. Carthage, une puissante cité-État située dans l'actuelle Tunisie, était l'adversaire de Rome dans cette guerre. Bien que Lampedusa soit aujourd'hui une île italienne, Giuseppe Tomasi di Lampedusa, l'auteur du célèbre roman "Le Guépard", est d'origine sicilienne et a des racines en Tunisie.

Le roman raconte le déclin de la noblesse sicilienne à la fin du XIXe siècle. Une grande partie du sud de la Tunisie est occupée par le désert du Sahara. Le chott el Jerid, une vaste dépression salée dans le désert, était utilisé pour le tournage de certaines scènes de "Star Wars" en raison de son paysage extraterrestre.

En 2010-2011, la Tunisie a été le berceau du Printemps arabe. Les manifestations de masse et le soulèvement populaire ont abouti au renversement du régime autoritaire de Zine El Abidine Ben Ali, marquant le début de changements politiques dans la région. Bien que le Palais des Oudayas se trouve à Rabat, au Maroc, il a des liens avec l'histoire tunisienne. Il a été construit au XVIIe siècle par le corsaire tunisien Asad Ibn Moussa, avant d'être pris par les Alaouites du Maroc.

Le Festival International de Carthage est l'un des plus grands festivals de musique en Afrique et au Moyen-Orient. Il a été créé en 1964 et accueille des artistes de renommée mondiale chaque été dans le cadre historique de Carthage. Des fragments de papyrus découverts à Carthage ont révélé des informations précieuses sur la vie quotidienne et la culture de la civilisation carthaginoise.

Ces anecdotes font ressortir la richesse de l'histoire tunisienne, allant de l'Antiquité à des événements plus récents, et soulignent la diversité culturelle et géographique du pays.

La Tunisie moderne est marquée par

l'indépendance du pays en 1956 sous la direction de Habib Bourguiba, premier président de la République tunisienne.

Bourguiba a conduit le pays à traverser une période de modernisation économique et sociale, tout en instaurant un régime politique autoritaire. Au cours des années 1960 et 1970, Bourguiba a lancé des réformes sociales importantes en faveur des femmes, en abolissant notamment la polygamie et en encourageant l'éducation des filles. Il a également investi dans l'industrie et l'agriculture, permettant à la Tunisie de connaître une croissance économique rapide. Cependant, la période de Bourguiba a également été marquée par la répression politique, la torture et la censure de la presse. En 1987, Zine el-Abidine Ben Ali a renversé Bourguiba lors d'un coup d'État et est devenu le deuxième président de la République tunisienne. Sous Ben Ali, la Tunisie a connu une période de relative stabilité économique et sociale, mais cela a été acquis au prix d'une répression politique et de la limitation des libertés individuelles.

Les manifestations de la population ont eu lieu en janvier 2011 à la fuite de Ben Ali et à une transition politique vers la démocratie.

Depuis lors, la Tunisie a mis en place des institutions démocratiques, notamment une nouvelle Constitution et une Assemblée des représentants du peuple. Cependant, la transition a été difficile, avec des conflits politiques et sociaux, des problèmes économiques, notamment une croissance insuffisante et un taux de chômage élevé, ainsi que des tensions régionales et sécuritaires la Tunisie avant Bourguiba avant l'indépendance de la Tunisie en 1956, le pays était sous le régime du protectorat français établi en 1881. La Tunisie était une colonie française, bien que l'occupation ait été sous le prétexte d'un protectorat. Avant cette période, la Tunisie avait été sous domination ottomane.

Le mouvement nationaliste en Tunisie a pris de l'ampleur au cours du XXe siècle, avec des dirigeants comme Abdelaziz Thâalbi et Habib Bourguiba, qui ont plaidé pour l'indépendance du pays. Après des décennies de lutte pour l'indépendance, la Tunisie a finalement obtenu son indépendance de la France en 1956.

Avant Bourguiba, la Tunisie était caractérisée par une domination étrangère, des tensions sociales et économiques, et une agitation politique croissante. Le mouvement nationaliste a contribué à sensibiliser la population à la nécessité de l'indépendance et à forger une identité nationale tunisienne distincte.

L'indépendance a ouvert la voie à la modernisation sous la direction de Habib Bourguiba, qui est devenu le premier président de la République tunisienne. La période avant Bourguiba était marquée par des défis, des aspirations nationalistes et des bouleversements sociaux, qui ont contribué à façonner le paysage politique et social de la Tunisie moderne.

Avant l'indépendance de la Tunisie en

1956, la population du pays était composée d'une mosaïque de groupes ethniques et religieux. La majorité de la population était arabo-musulmane, avec une minorité significative de communautés juives et quelques petites communautés chrétiennes. Les Arabes ethniques constituaient la majorité, et la langue arabe était la principale langue parlée.

La Tunisie était également caractérisée par une répartition géographique diversifiée de la population. Les zones urbaines, telles que Tunis, Sfax et Sousse, étaient des centres importants de population et d'activité économique. Les zones rurales étaient également peuplées, avec une économie souvent basée sur l'agriculture.

Après l'indépendance, la Tunisie a connu une croissance démographique significative, passant d'une population d'environ 3 millions en 1956 à plus de 11 millions au début des années 2000. Cette croissance a posé des défis en matière d'emploi, d'éducation et de services sociaux. La Tunisie moderne se caractérise par une population diversifiée sur le plan culturel, avec une majorité d'Arabes et une minorité de Berbères. La religion principale est l'islam, principalement sunnite. La Tunisie est également une petite communauté juive, bien que la plupart des Juifs demeurent émigrés après l'indépendance. Avant l'indépendance de la Tunisie en 1956, l'économie du pays était largement agricole, avec une dépendance significative à l'égard de l'agriculture pour les revenus et l'emploi. Les principales cultures les céréales, les olives, les agrumes et d'autres cultures méditerranéennes. Cependant, l'économie était confrontée à des défis liés à la dépendance vis-à-vis du secteur agricole et à une répartition inégale des terres.

Sous la direction de Habib Bourguiba après l'indépendance, la Tunisie a entrepris des réformes économiques visant à diversifier son économie et à promouvoir développement industriel. Le gouvernement investi dans des secteurs clés l'industrie manufacturière, le tourisme et l'infrastructure.

Les années 1960 et 1970 ont été marquées par une croissance économique rapide, stimulée par les investissements dans l'industrialisation, la modernisation de l'agriculture et le développement des infrastructures. Bourguiba a mis en œuvre des réformes sociales, éducatives et sanitaires visant à améliorer les conditions de vie de la population.

Cependant, à la fin des années 1970 et au début des années 1980, la Tunisie a connu des difficultés économiques en raison de facteurs tels que la hausse des prix du pétrole, des problèmes de gestion économique et des taux de chômage croissants.

Sous la présidence de Zine El Abidine Ben Ali, qui a pris le pouvoir en 1987, des réformes économiques ont été des entreprises pour libéraliser l'économie et attirer les investissements étrangers. Cependant, cela s'est accompagné d'une corruption croissante et d'inégalités économiques. Après la révolution de 2011, la Tunisie est confrontée à des défis économiques, notamment un chômage élevé, une croissance économique insuffisante et des inégalités persistantes.

Le pays a continué à chercher des moyens de stimuler l'économie, de promouvoir l'emploi et d'améliorer la compétitivité sur la scène mondiale.

Le tourisme, l'industrie textile et les services sont parmi les secteurs économiques clés en Tunisie.

La Tunisie dispose de diverses ressources naturelles qui exercent une influence sur son économie et son développement. Elle possède des réserves de pétrole et de gaz naturel. Ces ressources ont contribué à l'industrie énergétique du pays et à la génération de revenus provenant de l'exportation. Les phosphates sont une ressource importante en Tunisie.

Le pays est l'un des plus grands producteurs mondiaux de phosphate, utilisé principalement dans l'industrie des engrais. Les terres agricoles fertiles en Tunisie permettent la production de divers produits agricoles, tels que les olives, les céréales, les agrumes et les légumes. L'agriculture joue un rôle crucial dans l'économie tunisienne et dans la vie de nombreuses communautés. Outre les phosphates, la Tunisie possède d'autres ressources minérales, notamment le sel, le marbre, le zinc et le plomb. Elle dépend largement de ses ressources en eau, avec des défis liés à la rareté de l'eau dans certaines régions. L'agriculture, l'industrie et la consommation domestique sont des secteurs qui utilisent cette ressource de manière significative. Bien que cela ne soit pas une ressource naturelle au sens traditionnel, le climat méditerranéen,

les plages et le patrimoine culturel font du tourisme une source majeure de revenus pour la Tunisie.

L'exploitation durable de ces ressources est cruciale pour assurer la stabilité économique et environnementale du pays. De plus, la Tunisie a cherché à diversifier son économie et à investir dans des secteurs tels que les énergies renouvelables pour atténuer la dépendance aux ressources non renouvelables.

La Tunisie entretient des *relations avec la communauté internationale* sur divers plans, que ce soit sur le plan diplomatique, économique, culturel ou social. Voici quelques aspects clés de la relation de la Tunisie avec l'international : Elle est membre de plusieurs organisations internationales, y compris les Nations Unies, la Ligue arabe, l'Union africaine et d'autres forums régionaux et internationaux. Elle maintient des relations diplomatiques avec de nombreux pays à travers le monde. La Tunisie participe activement au commerce international. Elle exporte divers produits, notamment des phosphates, des textiles, des huiles d'olive et des produits manufacturés. Les partenariats économiques et les accords commerciaux sont essentiels pour favoriser la croissance économique du pays.

Le secteur du tourisme elle dépend en grande partie des visiteurs étrangers. Les plages méditerranéennes, les sites archéologiques et le riche patrimoine culturel attirent les touristes du monde entier. Elle a souvent reçu une aide étrangère sous la forme de prêts, de subventions et de projets de développement de la part d'organisations internationales et de pays partenaires. Ces programmes visent généralement à soutenir le développement économique, social et environnemental du pays. La diaspora tunisienne est présente dans de nombreux pays, et les relations avec cette diaspora sont importantes. Les Tunisiens à l'étranger contribuent non seulement aux envois de fonds, mais ils jouent également un rôle dans la promotion des liens culturels et économiques. Elle a participé à des missions de maintien de la paix des Nations Unies et à d'autres initiatives internationales visant à promouvoir la paix et la stabilité dans différentes régions du monde. Elle a établi des liens étroits avec l'Union européenne. Ces relations couvrent des domaines tels que le commerce, la coopération économique, la migration et d'autres questions d'intérêt mutuel. En résumé, elle entretient des relations variées et actives avec la communauté internationale, cherchant à renforcer la coopération et à jouer un rôle constructif sur la scène mondiale.

Les traditions et le mode de vie en Tunisie sont influencés par une combinaison d'éléments culturels arabes, berbères, méditerranéens et, dans une certaine mesure, africains. La grande majorité de la population tunisienne est musulmane, principalement sunnite, et l'islam joue un rôle important dans la vie quotidienne. Les traditions et les rituels liés à l'islam, tels que les prières, le jeûne pendant le mois du ramadan, et les célébrations religieuses, sont observés. La famille occupe une place centrale dans la société tunisienne. Les liens familiaux sont souvent forts, et les générations plus âgées sont généralement respectées et consultées dans la prise de décisions familiales. Les mariages et les fêtes familiales sont des événements importants. La cuisine tunisienne est variée, mettant en avant les saveurs méditerranéennes. Les repas sont souvent partagés en famille. Le couscous, les tajines, les grillades, les salades fraîches et les fruits sont des éléments communs de la cuisine. Les rencontres sociales et les échanges avec la communauté sont importants. Les cafés (appelés "cafés maures") jouent un rôle essentiel en tant que lieux de rencontres et de discussions. Les souks et les marchés sont également des endroits animés où les gens se retrouvent.

Des festivals culturels, des célébrations religieuses et des événements locaux marquent le calendrier tunisien. Par exemple, la fête de l'Aïd al-Fitr et la fête de l'Aïd al-Adha sont des moments de célébration importants. Bien que de nombreux Tunisiens adoptent des vêtements occidentaux au quotidien, certains présagent encore des vêtements traditionnels, tels que la "jebba" (une longue robe) et la "fouta" (un drap de bain en coton), surtout lors d'occasions spéciales. Elle est connue pour son artisanat, notamment la poterie, la céramique, le tissage, la broderie et la maroquinerie. Les souks sont des endroits où l'on peut trouver une variété d'objets artisanaux traditionnels. L'arabe est la langue officielle mais de nombreux Tunisiens parlent aussi le français, en particulier dans les domaines de l'éducation, du commerce et du tourisme. L'éducation est valorisée en Tunisie, et le système éducatif suit le modèle français. L'éducation des filles est devenue une priorité, et les femmes tunisiennes ont un accès croissant à l'éducation supérieure.

Ces aspects de la vie en Tunisie illustrent la diversité culturelle et les influences historiques qui ont façonné le mode de vie et les traditions dans le pays.

L'Italie et la Tunisie entretiennent des relations historiques, géographiques, économiques et culturelles étroites. La Tunisie et l'Italie sont des pays voisins en Méditerranée. La proximité géographique facilite les échanges et les relations entre les deux pays au fil de l'histoire.

L'histoire commune remonte à l'Antiquité, lorsque la Tunisie faisait partie de l'Empire romain. Elle a été une province romaine, et les vestiges de cette époque, tels que les ruines de Carthage, sont encore visibles aujourd'hui.

La Tunisie a été une colonie française et italienne pendant une période. L'Italie a occupé la région de Tripolitaine (actuelle Libye) et a eu des intérêts en Tunisie pendant la Seconde Guerre mondiale. L'Italie est un partenaire économique important pour la Tunisie. Les deux pays ont des liens commerciaux, des investissements croisés et une coopération économique dans divers secteurs, notamment le tourisme, l'industrie et l'énergie. L'Italie et la

Tunisie partagent une popularité touristique en raison de leurs attraits culturels, historiques et naturels. De nombreux Italiens visitent la Tunisie pour ses plages, son patrimoine historique, et son ambiance méditerranéenne, ses sites archéologiques, ses marchés colorés et son littoral.

Bien que la langue officielle en Tunisie soit l'arabe, le français et l'italien sont également couramment utilisés dans les domaines du commerce, du tourisme et de la diplomatie. Il existe des communautés tunisiennes en Italie, notamment des migrants tunisiens qui se sont installés en Italie pour des raisons économiques et sociales. La diaspora tunisienne en Italie contribue à la diversité culturelle des deux pays.

Ils coopèrent également sur le plan politique, travaillant ensemble sur des questions régionales, la sécurité, et des problématiques communes telles que la migration. Les influences culturelles entre l'Italie et la Tunisie sont mutuelles, avec des éléments de la cuisine, de l'art et de la musique qui se croisent. Cette interaction culturelle est particulièrement visible dans les régions où les deux cultures ont coexisté au fil des siècles.

Ces liens étroits entre l'Italie et la Tunisie évoquent une histoire partagée et une coopération continue qui touchent différents aspects.

Le mariage en Tunisie est une cérémonie importante et symbolique qui s'accompagne de nombreuses coutumes et traditions.

Les fiançailles représentent la première étape du processus de mariage en Tunisie. C'est un engagement formel entre le futur marié et la future mariée, annoncé souvent en présence de membres de la famille et des amis. Avant le mariage, un contrat de mariage est souvent établi. Il définit les droits et les responsabilités des deux partenaires et peut inclure des dispositions liées à la dot (montant versé par le mari à la femme), à la propriété et à d'autres aspects légaux du mariage. La plupart des mariages en Tunisie sont célébrés à travers une cérémonie religieuse, généralement musulmane. Elle est conduite par un officiant religieux et comprend des prières, des bénédictions et l'échange des vœux. En plus de la cérémonie religieuse, certains couples souhaitent également célébrer une cérémonie civile pour des raisons légales. Cela peut avoir lieu avant ou après la cérémonie religieuse. La nuit du henné est une tradition populaire et porte-bonheur pendant laquelle la mariée et parfois le marié applique du henné sur leurs mains et leurs pieds. C'est une célébration joyeuse qui se déroule souvent avec la famille et les amis.

Les mariés portent souvent des tenues traditionnelles. La mariée peut porter une robe appelée « sfifa » ou « fouta », tandis que le marié porte généralement une « kachabiya » ou une tenue traditionnelle masculine. Les mariages en Tunisie sont souvent suivis de grandes fêtes. Ces célébrations impliquent généralement de la musique, de la danse, de la nourriture abondante et des festivités qui peuvent durer plusieurs jours. La musique et la danse sont des éléments essentiels des mariages tunisiens. Les mariés et les invités participent souvent à des danses traditionnelles, et la musique varie en fonction des régions et des préférences personnelles.

Il est courant d'échanger des cadeaux entre les familles du marié et de la mariée. La mariée peut recevoir des bijoux, des vêtements et d'autres articles, tandis que le marié peut offrir un point et d'autres cadeaux à la mariée. Les repas de mariage sont souvent somptueux et comprennent une variété de plats traditionnels tunisiens. Les familles veillent à ce que les invités soient bien nourris et satisfaits.

Il est important de noter que les coutumes de mariage peuvent varier en fonction des régions de la Tunisie, des préférences familiales et des différences culturelles.

De plus, les mariages peuvent être influencés par les traditions religieuses, que ce soit l'islam sunnite majoritaire en Tunisie ou d'autres communautés religieuses présentes dans le pays.

La consommation d'alcool en Tunisie est soumise à des réglementations strictes en raison des influences culturelles et religieuses, principalement dans une société majoritairement musulmane. La Tunisie est un pays à majorité musulmane, et l'islam interdit la consommation d'alcool. Cependant, la Tunisie est connue pour sa tradition de tolérance religieuse, et il existe une diversité d'opinions et de pratiques au sein de la société. La vente d'alcool est légale en Tunisie, mais elle est réglementée. Les bars, les restaurants et les hôtels autorisés peuvent vendre de l'alcool, mais il est interdit de boire en public en dehors de ces établissements. Il y a des restrictions sur les heures de vente d'alcool. Certains endroits peuvent être autorisés à vendre de l'alcool uniquement à certaines heures de la journée, et la vente peut être limitée pendant certaines périodes religieuses, comme le ramadan. En raison de taxes élevées sur l'alcool, les boissons alcoolisées peuvent être relativement chères en Tunisie.

Cela contribue également à restreindre la consommation.

La consommation d'alcool à des fins privées, généralement chez soi, est généralement tolérée. Les étrangers et les touristes ont plus de flexibilité en matière de consommation d'alcool dans les zones touristiques. Dans certaines régions et parmi certaines communautés, il peut y avoir une plus grande tolérance à l'égard de la consommation d'alcool. Cependant, il est important de respecter les coutumes locales de s'abstenir de consommer de l'alcool dans des endroits où cela pourrait être mal vu. Les zones touristiques en Tunisie sont souvent plus ouvertes à la consommation d'alcool en raison de l'afflux de visiteurs étrangers. Les hôtels et les restaurants dans peuvent offrir une variété de boissons alcoolisées.

Il est toujours recommandé de respecter les lois locales et de faire preuve de sensibilité culturelle lorsqu'il s'agit de la consommation d'alcool en Tunisie. Les règles et les attitudes peuvent varier d'une région à l'autre, et il est important de se familiariser avec les normes locales et de les respecter.

Lorsqu'on parle de *"tourisme fort et international"*, on se réfère généralement à une industrie touristique prospère et dynamique qui attire un grand nombre de visiteurs internationaux. Un tourisme fort se mesure souvent par le nombre élevé de touristes internationaux visitant un pays ou une région. Cela peut inclure des visiteurs en provenance de diverses parties du monde, attirés par la diversité des attractions touristiques.

Un secteur touristique fort est souvent caractérisé par une variété d'attractions, allant des sites historiques et culturels aux plages, aux parcs naturels, aux événements culturels et aux activités de loisirs. Des infrastructures bien développées, telles que des hôtels de qualité, des transports efficaces, des attractions bien entretenues et une gamme d'équipements et de services touristiques, sont des caractéristiques d'un tourisme fort. Un secteur touristique fort à un impact économique significatif. Il génère des revenus substantiels grâce aux dépenses des touristes pour l'hébergement, la nourriture, les activités, les achats et d'autres services.

Un tourisme florissant contribue à la création d'emplois dans divers secteurs, notamment l'hôtellerie, la restauration, le transport, les services touristiques et d'autres industries connexes.

La promotion efficace à l'échelle internationale joue un rôle clé dans le développement d'un tourisme fort. Des campagnes marketing, la participation aux salons du tourisme et la visibilité en ligne sont des aspects importants de la promotion touristique.

Les destinations touristiques qui adoptent des pratiques durables et une gestion responsable des ressources naturelles et culturelles sont souvent perçues de manière positive par les voyageurs internationaux soucieux de l'impact environnemental et social du tourisme. Un tourisme fort est souvent associé à des destinations offrant une expérience positive aux visiteurs, notamment un accueil chaleureux, une sécurité perçue, des expériences mémorables et une atmosphère accueillante. Une destination touristique robuste cherche à diversifier ses marchés émetteurs, attirant des visiteurs de différentes régions du monde pour réduire les risques liés à une dépendance excessive à un marché particulier.

La collaboration avec d'autres pays, des partenaires du secteur privé et des organisations internationales contribue à renforcer le secteur touristique en favorisant l'échange d'expertise, la coopération marketing et le développement de projets communs.

Pour conclure, un tourisme fort et international est le résultat d'une combinaison de facteurs, allant de l'infrastructure et des attractions touristiques à la promotion efficace et à la gestion responsable, contribuant ainsi de manière significative à l'économie et à la notoriété. d'une destination.

Le cinéma en Tunisie est une histoire riche et diversifiée, reflétant les évolutions sociopolitiques du pays au fil des décennies. Le cinéma en Tunisie remonte au début du XXe siècle, mais c'est dans les années 1960 et 1970 que l'industrie cinématographique tunisienne a pris de l'ampleur. Durant cette période, plusieurs cinéastes tunisiens ont émergé et ont commencé à produire des œuvres importantes. La Tunisie a connu une période de "Nouvelle Vague" cinématographique dans les années 1960 et 1970.

Des cinéastes tels que Ferid Boughedir, Férid Boughédir, et Abdelkrim Bahloul ont été associés à ce mouvement qui a introduit de nouvelles approches esthétiques et récits.

Le cinéma tunisien a été influencé par la révolution de 2011 qui a conduit à des changements importants sur le plan politique et culturel.

Ce moment de transition a également été reflété dans les œuvres cinématographiques, abordant des thèmes tels que la démocratie, la liberté d'expression et les défis sociaux. Plusieurs cinéastes tunisiens ont gagné une reconnaissance internationale. Nacer Khemir, Férid Boughédir, Moufida Tlatli, et Abdellatif Kechiche sont parmi ceux qui ont contribué significativement à la scène cinématographique tunisienne. Elle abrite plusieurs festivals de cinéma, dont le plus connu est le Festival international du film de Carthage (Journées cinématographiques de Carthage, JCC). Ce festival, créé en 1966, est l'un des plus anciens et des plus prestigieux festivals de cinéma en Afrique et au Moyen-Orient. Le documentaire a également joué un rôle important dans le cinéma, explorant des thèmes sociaux, politiques et culturels. Des documentaristes tels que Nasreddine Shili et Moncef Dhouib ont réalisé des œuvres marquantes. Malgré certaines réussites, le cinéma en Tunisie a souvent été confronté à des défis financiers. Cependant, des initiatives gouvernementales et des partenariats internationaux ont été mis en place pour soutenir l'industrie cinématographique. Le cinéma tunisien aborde une variété de genres, y compris le drame, la comédie, le documentaire et le film expérimental, offrant une diversité d'expressions artistiques.

Le cinéma en Tunisie a évolué au fil des années, capturant les réalités socioculturelles du pays et contribuant au dialogue artistique international. Malgré les défis, le secteur cinématographique tunisien continue de produire des œuvres significatives et à être reconnues sur la scène internationale.

HUILE D'OLIVE

La Tunisie est l'un des principaux producteurs mondiaux d'huile d'olive et est souvent reconnue pour la qualité de son huile d'olive. Voici quelques points qui soulignent la richesse de l'huile d'olive tunisienne et son statut parmi les meilleures du monde : Elle bénéficie d'un climat méditerranéen propice à la culture des olives. Les sols riches et le climat ensoleillé contribuent à la croissance saine des oliviers. La Tunisie cultive différentes variétés d'oliviers, notamment la Chetoui, la Chemlali, et la Neb Jmel, chacune ayant ses caractéristiques propres. Ces variétés contribuent à la diversité des saveurs et des arômes de l'huile d'olive tunisienne. La récolte des olives est souvent réalisée de manière traditionnelle, à la main ou avec des méthodes respectueuses de la qualité du fruit. Cette attention à la récolte peut améliorer la qualité de l'huile d'olive.

La plupart des producteurs d'huile d'olive en utilisent la méthode de pressage à froid. Cela signifie que l'huile est extraite mécaniquement à des températures inférieures, préservant ainsi les arômes et les composants nutritionnels. L'huile d'olive tunisienne est soumise à des normes de qualité strictes. Elle a mis en place des réglementations pour garantir que l'huile d'olive exportée répond aux normes internationales. L'huile d'olive tunisienne a remporté de nombreux prix dans des compétitions internationales, ce qui atteste de sa qualité exceptionnelle. Les concours tels que le Concours International des Huiles d'Olive ont souvent vu des producteurs tunisiens recevoir des distinctions. Elle exporte une quantité significative d'huile d'olive vers divers pays, notamment l'Union européenne, les États-Unis et d'autres marchés internationaux. L'huile d'olive occupe une place importante dans la cuisine tunisienne. Elle est utilisée dans une variété de plats et de préparations, ajoutant une saveur caractéristique aux repas. L'huile d'olive est reconnue pour ses nombreux bienfaits pour la santé, grâce à sa richesse en acides gras mono-insaturés, en antioxydants et en composés anti-inflammatoires.

L'huile d'olive tunisienne est ainsi considérée comme l'une des meilleures du monde en raison de la combinaison de facteurs tels que le climat, les variétés d'oliviers, les méthodes de récolte et de production, ainsi que la reconnaissance mondiale de sa qualité.

La Tunisie a été le lieu de résidence de ***nombreuses personnalités*** artistiques, politiques et de célébrités au fil des ans.

Artistes : L'acteur égyptien Omar Sharif a vécu une partie de sa vie en Tunisie. Il était connu pour ses rôles dans des films tels que "Lawrence d'Arabie" et "Docteur Jivago". Le célèbre peintre suisse Paul Klee a vécu à Hammamet, en Tunisie, où il a créé certaines de ses œuvres. Sophie El Goulli : Artiste peintre et sculptrice française, elle a élu domicile en Tunisie.

Hommes Politiques : Le premier président de la Tunisie après son indépendance en 1956. Il a joué un rôle clé dans la lutte pour l'indépendance et a été un leader politique influent. Zine El Abidine Ben Ali : Il a été président de la Tunisie de 1987 à 2011 jusqu'à sa destitution lors des manifestations de la révolution tunisienne.

Personnalités Médiatiques : Baya Medhaffar : Journaliste et animatrice tunisienne, elle est également connue pour son engagement dans les droits de l'homme. Amina Srarfi : Styliste tunisienne de renommée, elle est également une personnalité médiatique et une entrepreneure. Stars Internationales en Visite Agnetha Fältskog et Anni-Frid Lyngstad (ABBA) : Les membres d'ABBA ont séjourné en Tunisie pour des périodes de vacances. Elton John : Le célèbre chanteur britannique a visité la Tunisie à plusieurs reprises pour des concerts et des séjours de détente.

Noter que la présence des célébrités peut varier en fonction du temps et des circonstances. Ces personnalités ont choisi de vivre ou de passer du temps en Tunisie pour diverses raisons, notamment l'attrait de son histoire, de sa culture, de ses paysages et de son climat.

Paul Verlaine (1844-1896) était un poète français du XIXe siècle, lié au mouvement symboliste. Il est surtout connu pour sa poésie lyrique et mélancolique. Ses œuvres les plus célèbres comprennent "Fêtes galantes", "Romances sans paroles" et "Fêtes galantes".

Arthur Rimbaud (1854-1891) était un poète prodige du XIXe siècle, également associé au symbolisme. Il est réputé pour sa créativité précoce et son influence durable sur la poésie française. Parmi ses œuvres les plus célèbres, on trouve "Le Bateau ivre" et "Une Saison en Enfer".

Ces deux poètes ont eu une relation complexe et tumultueuse. Rimbaud et Verlaine ont entretenu une liaison amoureuse passionnée qui a duré quelques années. Leur relation a été marquée par des périodes de collaboration artistique intense, mais elle a également été tumultueuse en raison de conflits personnels. La liaison entre Rimbaud et Verlaine a exercé une influence significative sur la vie et l'œuvre de ces deux poètes.

Claudia Cardinale, est née le 15 avril 1938 à Tunis, en Tunisie. Elle est une actrice italienne de renommée internationale, qui a travaillé avec certains des réalisateurs les plus célèbres du cinéma mondial. Elle a joué dans des films emblématiques comme "Le Guépard" (Il Gattopardo, 1963) de Luchino Visconti, "Huit et demi" (8½, 1963) de Federico Fellini, et "Il était une fois dans l'Ouest" (C'Il était une fois à l'Ouest, 1968) de Sergio Leone, un été à la Goulette ; Claudia Cardinale a été l'une des actrices les plus importantes du cinéma italien et international dans les années 1960 et 1970.

Sa carrière cinématographique s'étend sur plusieurs décennies, et elle a continué à jouer dans des films de qualité tout au long de sa carrière. Claudia Cardinale a également été reconnue pour sa beauté et son talent, devenant une icône du cinéma italien.

La Tunisie a produit de nombreuses personnalités célèbres dans divers domaines, notamment le cinéma, la musique, le sport, la politique, la littérature, et bien d'autres.

Cinéma et Arts : Claudia Cardinale, Abdellatif Kechiche : Réalisateur et scénariste franco-tunisien, lauréat de la Palme d'or à Cannes pour le film "La Vie d'Adèle".

Musique : Emel Mathlouthi, Chanteuse, auteure-compositrice et musicienne tunisienne, célèbre pour son engagement politique et sa musique fusion. Sabry Mosbah, Musicien et compositeur tunisien, connu pour sa contribution à la musique tunisienne contemporaine.

Sport : Oussama Mellouli, Nageur tunisien, champion olympique et mondial, notamment dans la discipline de la nage en eau libre. Habiba Ghribi, Athlète tunisienne spécialisée dans la course de haies médaillée olympique et mondiale.

Littérature : Albert Memmi, Écrivain, essayiste et sociologue tunisien-français, connu pour ses contributions à la littérature et à la réflexion sociale. Tahar Ben Jelloun, Écrivain et poète franco-marocain né à Fès, au Maroc, mais ayant également des liens culturels avec la Tunisie. Sciences et Médecine : Tawhida Ben Cheikh Pionnière tunisienne en médecine, la première femme médecin en Tunisie et dans le monde arabe. Ahmed Ben Dhia : Médecin et professeur tunisien, connu pour ses contributions à la recherche en physique des particules.

La Tunisie compte plusieurs stylistes talentueux qui contribuent au dynamisme de la scène de la mode.

Azzedine Alaïa Né en Tunisie en 1940, Azzedine Alaïa est devenu l'un des couturiers les plus renommés au monde. Ses créations se caractérisent par une attention minutieuse aux détails et un sens exceptionnel de la coupe.

Hedi Slimane Bien que né à Paris, Hedi Slimane a des origines tunisiennes. Styliste et photographe, il a été directeur artistique de grandes marques de mode, notamment chez Dior Homme et Saint Laurent. Il est reconnu pour son influence dans l'industrie de la mode masculine.

Monsieur Lacroix Créateur tunisien contemporain, Monsieur Lacroix est connu pour ses créations originales et avant-gardistes. Il a participé à de nombreux défilés et événements internationaux.

Ces personnalités représentent une fraction des individus talentueux et influents qui ont émergé de la Tunisie dans divers domaines au fil des ans. La richesse culturelle et intellectuelle de la Tunisie a contribué à la diversité des réussites de ses citoyens.

VILLE DE TUNIS

Tunis est la capitale de la Tunisie, située sur la côte méditerranéenne du pays. Tunis a des racines anciennes remontant à l'époque des Carthaginois et des Romains. Elle était un centre commercial prospère sous les Romains. La ville a été conquise par les Arabes au VIIe siècle, marquant le début d'une période d'influence musulmane qui a perduré au cours des siècles. Au XVIe siècle, Tunis est devenue une province de l'Empire ottoman. Cette période a laissé une empreinte significative sur l'architecture et la culture de la ville.
Tunis a été colonisée par les Français au XIXe siècle. Elle est devenue la capitale du protectorat français en Tunisie, qui a duré jusqu'à l'indépendance en 1956.

Caractéristiques de la Ville

La médina historique de Tunis est inscrite au patrimoine mondial de l'UNESCO. Elle abrite des ruelles étroites, des souks, des mosquées et des palais. L'avenue principale de Tunis, du nom du premier président de la Tunisie, est un centre animé avec des cafés, des boutiques et des monuments, dont la cathédrale Saint-Vincent-de-Paul.

Bab el Bahr et la Porte de France : Ces portes historiques marquent l'entrée de la médina et sont des exemples de l'architecture militaire ottomane. La mosquée Zitouna, également connue sous le nom de Grande Mosquée, est l'une des plus anciennes et des plus importantes de la ville. D'autres mosquées notables incluent la mosquée Al-Zaytuna et la mosquée Malek Ibn Anas.

Le Musée National du Bardo, situé à Tunis, abrite une riche collection d'art et d'artéfacts tunisiens, dont des pièces romaines célèbres.

Économie et Culture

Tunis est un centre économique et commercial important en Tunisie. L'avenue Habib Bourguiba est un lieu de rencontres d'affaires et de shopping. La ville abrite plusieurs universités et institutions éducatives renommées, contribuant au dynamisme intellectuel de la région.

Tunis propose une vie culturelle diversifiée avec des festivals, des événements artistiques, des expositions et des représentations théâtrales. La ville offre une variété de plats de la cuisine tunisienne.
Tunis, en tant que capitale, incarne l'histoire, la culture et l'énergie de la Tunisie. Ses monuments historiques, ses souks animés et son mélange d'influences en font une destination fascinante pour les visiteurs.

Elle est un pays d'Afrique du Nord qui compte plusieurs villes, chacune ayant sa propre histoire, culture et caractéristiques.

1. **Tunis :** Capitale du pays, Tunis est le centre politique, économique et culturel de la Tunisie. La médina de Tunis, classée au patrimoine mondial de l'UNESCO, est un centre

historique animé avec des marchés, des rues étroites et des bâtiments anciens.

2. **Sfax :** Deuxième plus grande ville de Tunisie, Sfax est un centre économique et industriel important. Elle est réputée pour son activité portuaire et ses industries manufacturières.

3. **Sousse :** Sousse est une ville côtière connue pour ses plages de sable fin et son architecture historique. La médina de Sousse, également classée au patrimoine mondial, est un site touristique populaire.

4. **Gabès :** Située dans le sud-est du pays, Gabès est une ville portuaire et industrielle importante. La région est également connue pour ses oasis, ses dunes de sable et son industrie chimique.

5. **Bizerte :** Bizerte est une ville portuaire située au nord du pays, près de la frontière avec l'Algérie. Son port est le plus important du nord de la Tunisie.

6. **Nabeul :** Nabeul est réputée

pour ses plages et son industrie du tourisme. Elle est située sur la côte nord-est du pays, près de la péninsule du cap Bon.

7. **Kairouan :** Kairouan est une ville sainte et historique, considérée comme la quatrième ville sainte de l'islam. Elle est célèbre pour ses monuments, y compris la Grande Mosquée de Kairouan.

8. **Tozeur :** Située dans le sud-ouest de la Tunisie, Tozeur est connue pour ses oasis, ses palmeraies et son architecture traditionnelle en briques de boue.

9. **Djerba :** Djerba est une île située au sud-est du pays, célèbre pour ses plages, ses marchés et ses sites historiques tels que la médina de Houmt Souk.

Ces villes contribuent à la richesse culturelle et à la diversité offrant aux visiteurs et aux résidents une expérience unique.

LE SAHARA

La Tunisie abrite une partie du Sahara, l'un des plus grands déserts du monde. Le désert en Tunisie présente des paysages spectaculaires, avec des dunes de sable, des formations rocheuses et des étendues arides. Une grande partie du désert tunisien est occupée par le Grand Erg Oriental, qui est une étendue de dunes de sable couvrant une vaste zone. Les dunes de sable peuvent atteindre des hauteurs impressionnantes, créant des paysages de sable ondulants.

C'est une vaste dépression salée qui peut parfois être inondée pendant la saison des pluies. Situé au sud-ouest du pays, le Chott El Jerid est une caractéristique géographique intéressante du désert tunisien. Au milieu des vastes étendues arides du désert, on trouve des oasis verdoyantes qui sont souvent alimentées par des sources souterraines. Ces oasis constituant des points vitaux pour la vie et les activités humaines.

Tataouine : Cette région du sud-est de la Tunisie est connue pour ses paysages désertiques et ses formations rocheuses uniques. Elle a également servi de lieu de tournage pour plusieurs scènes de la saga "Star Wars".

Matmata est célèbre pour ses maisons troglodytes creusées dans le sol. Ces habitations traditionnelles offrent une protection contre les conditions extrêmes du désert. Ksar Ouled Soltane : C'est un ksar, une structure architecturale traditionnelle, située dans la région de Tataouine. Il est réputé pour ses greniers à grain construits en forme de tours superposées. Surnommée "la porte du Sahara", Douz est une ville située à l'orée du désert. Elle est renommée pour son festival annuel, le Festival International du Sahara, qui met en valeur la culture nomade et saharienne.

Bien que Djerba ne soit pas exclusivement désertique, elle est la plus grande île de la mer Méditerranée en Tunisie. L'île offre un mélange de paysages côtiers et d'éléments désertiques.

Le désert tunisien attire également les amateurs d'aventure, avec des possibilités de trekking, de randonnée en 4x4, et d'expériences de camping sous les étoiles. Les paysages variés et la richesse culturelle de la région en font une destination fascinante pour les visiteurs.

L'ÎLE DE LA GALITE

L'île de la Galite est une petite île située au nord-ouest de la Tunisie, dans la mer Méditerranée. Elle fait partie de l'archipel de Kerkennah et est la plus grande île de cet archipel. Elle se trouve à environ 48 kilomètres au nord-ouest de la péninsule du cap Bon, près de la ville de Tabarka. L'île est caractérisée par un paysage sauvage et préservé. Elle est formée de formations rocheuses escarpées, de falaises, de grottes et de criques. La flore et la faune y sont variées, ce qui en fait un lieu d'intérêt pour les amateurs de nature et d'écotourisme. Elle abrite des vestiges archéologiques, notamment des ruines d'anciens édifices romains. Ces vestiges témoignent de l'histoire ancienne de la région. La Galite est classée comme réserve naturelle depuis 2006. Cette protection vise à préserver l'écosystème marin, la faune et la flore unique de l'île.

En raison de son statut de réserve naturelle, l'accès à l'île de la Galite est réglementé. Les activités sur l'île sont principalement axées sur l'observation de la nature, la plongée sous-marine et la recherche scientifique. Les eaux entourant l'île sont réputées pour leur biodiversité. Des espèces marines telles que les poissons, les coraux et les mollusques prospèrent dans cette région, faisant de la Galite un site prisé des plongeurs. La préservation de l'écosystème fragile de l'île de la Galite est un enjeu important. Les autorités tunisiennes et des organisations internationales travaillent à la conservation de cette région.

Elle est un joyau naturel qui attire les amoureux de la nature et les scientifiques cherchant à étudier et à préserver la biodiversité marine de la région.

BIZERTE

Bizerte, également connue sous le nom de Bizerte ou Bizerta, est une ville portuaire située dans le nord de la Tunisie, au bord de la mer Méditerranée. Son histoire de remonte à l'Antiquité. La ville a été colonisée par les Phéniciens et plus tard par les Romains. Des vestiges de cette période sont visibles, notamment le fort de Cap Blanc. Bizerte a connu diverses influences, notamment arabes et andalouses, au cours de la période médiévale. Elle a été intégrée à l'Empire ottoman au XVIe siècle. La ville a été un centre commercial important sous la domination ottomane. Le port de Bizerte était stratégique pour le commerce maritime en Méditerranée.

Au cours du XIXe siècle, la Tunisie est devenue un protectorat français. Bizerte a été occupée par les Français en 1881, et la ville a joué un rôle clé pendant la Seconde Guerre mondiale en tant que base navale.

Bizerte présente une architecture

variée qui reflète son histoire. On y trouve des bâtiments d'influence ottomane, des édifices coloniaux français et des structures plus modernes. La médina abrite des souks animés où les visiteurs peuvent découvrir l'artisanat local, les épices, les tapis et d'autres produits. Bizerte accueille différents festivals culturels et artistiques tout au long de l'année. Ces événements mettent en avant la musique, la danse et d'autres formes d'expression artistique.

La région de Bizerte est réputée pour ses plages, notamment les plages de Ghar el Melh et Sidi Salem. Ces zones offrent des opportunités de détente et de sports nautiques.

Les îles de Zembra et Zembretta, situées au large de la côte, sont des réserves naturelles protégées. Elles attirent les amateurs d'ornithologie et les passionnés de nature. Le fort de Cap Blanc, construit par les Espagnols au XVIe siècle, offre des vues panoramiques sur la mer Méditerranée. Les fortifications témoignent du passé stratégique de la ville. La médina de Bizerte est un labyrinthe de ruelles étroites, de maisons traditionnelles et de lieux animés, offrant une expérience authentique. Les ports de pêche et de plaisance de Bizerte sont des lieux pittoresques où les visiteurs peuvent se promener, déguster des fruits de mer frais et profiter de l'ambiance maritime.

Bizerte, avec son histoire riche, son patrimoine culturel diversifié et ses attractions touristiques, est une destination intéressante pour ceux qui veulent explorer la beauté de la côte nord de la Tunisie.

HISTOIRE DE CARTHAGE

Carthage a été fondée au IXe siècle av. J.-C. par les Phéniciens, un peuple commerçant originaire du Proche-Orient. La ville est rapidement devenue une puissance maritime et commerciale importante dans la Méditerranée occidentale. Elle est surtout connue pour ses conflits avec Rome, connus sous le nom de Guerres Puniques. Les trois guerres puniques, notamment les batailles de Cannes et de Zama, ont façonné l'histoire de Carthage et de Rome. La Troisième Guerre punique s'est terminée par la destruction de Carthage par les Romains en 146 av. J.-C. La ville a été rasée, et une nouvelle colonie romaine, Carthage Nova (Nouvelle Carthage), a été établie sur le site.

Malgré sa destruction, Carthage a laissé un héritage culturel durable. Ses contributions à la navigation, au commerce, à l'architecture et à la gestion des cités ont exercé une influence majeure dans la région.

Le site archéologique de Carthage, inscrit au patrimoine mondial de l'UNESCO, est un trésor historique. Il comprend des ruines de ports, de villas, de temples, de thermes et d'amphithéâtres. Le Musée national de Carthage présente des objets découverts lors des fouilles archéologiques, offrant aux visiteurs un aperçu de la vie quotidienne et de son histoire. Le Tophet, un site sacré punique, est connu pour ses stèles et ses urnes cinéraires. Il témoigne des pratiques religieuses de l'époque carthaginoise. Les visiteurs peuvent explorer les ruines antiques de Carthage, y compris les thermes d'Antonin, l'amphithéâtre, les ports puniques et le quartier des villas romaines. La cathédrale Saint-Louis, construite au XIXe siècle sur le site de l'ancienne basilique, offre une vue panoramique sur la ville. L'Acropolium, anciennement connu sous le nom de cathédrale Saint-Louis, est un lieu de concerts et d'événements culturels. Le théâtre romain de Carthage est un site impressionnant qui témoigne du passé culturel et artistique de la ville. Le cimetière militaire abrite des tombes de soldats français et britanniques de la Seconde Guerre mondiale. Elle accueille des festivals culturels, dont le Festival international de, mettant en avant la musique, le cinéma, et d'autres formes d'expression artistique. Elle demeure un lieu fascinant qui attire des visiteurs du monde entier pour son histoire ancienne, ses ruines bien préservées, et son importance culturelle. Le site offre une fenêtre sur le passé glorieux de cette ancienne cité méditerranéenne.

LA GOULETTE

La Goulette, également connue sous le nom de La Marsa, est une ville et une municipalité située dans la banlieue nord de Tunis, la capitale de la Tunisie.
Elle est située sur la côte méditerranéenne, à proximité de Tunis. Elle fait partie de la région du Grand Tunis et est l'une des municipalités qui bordent la mer, avec un port important. La Goulette est connue pour son port, qui a une histoire ancienne en tant que port stratégique dans la région méditerranéenne. Il a joué un rôle important dans le commerce et les échanges maritimes. La Goulette a été influencée par diverses cultures au fil de l'histoire, y compris les Phéniciens, les Romains, les Arabes et les Ottomans.
Ces influences se déplacent dans l'architecture et la culture de la région. Elle offre des plages attrayantes,

attirant les visiteurs locaux et les touristes pendant les mois d'été. Les plages de La Goulette sont réputées pour leur sable fin et leurs eaux cristallines. Elle est connue pour ses restaurants de fruits de mer qui bordent le port. Les visiteurs peuvent déguster des plats de fruits de mer frais tout en profitant de la vue sur la mer. La région offre également une vie nocturne animée, avec des cafés et des lieux de divertissement qui attirent les habitants et les visiteurs. Bien que plus petite par rapport à Tunis, La Goulette possède des sites historiques et des monuments, y comprenant des traces de l'architecture ottomane. En raison de sa proximité avec la mer, La Goulette offre des possibilités d'activités nautiques telles que la voile, le jet-ski et d'autres sports aquatiques.

Elle participe également aux événements culturels et aux festivals organisés dans la région du Grand Tunis.
Avec son mélange d'histoire maritime, d'influences culturelles variées et

d'attractions touristiques, est une destination prisée pour ceux qui cherchent à explorer la côte nord de la Tunisie.

NABEUL

Elle est une ville côtière de la Tunisie, située dans la péninsule du Cap Bon au nord-est du pays. La région de Nabeul une longue histoire remontant à l'Antiquité. Elle a été occupée par différentes civilisations, dont les Phéniciens et les Romains. La ville antique de Neápolis était située dans cette région. Comme de nombreuses régions de la Tunisie, Nabeul a été influencée par la domination arabe au VIIe siècle. La culture arabe et musulmane a laissé une empreinte durable sur la région. Nabeul est réputée pour son artisanat traditionnel, notamment la poterie. La poterie est célèbre pour ses couleurs vives et ses motifs distinctifs. La région participe à plusieurs festivals et culturels tout au long de l'année, mettant en avant la musique, la danse et d'autres formes d'art. L'agriculture est une activité importante dans la région, avec la culture d'oliviers, d'orangers et de légumes. La cuisine de Nabeul reflète les saveurs méditerranéennes avec des plats à base de poisson, d'huile d'olive et d'épices locales. Elle est une destination touristique populaire, connue pour ses plages, ses stations balnéaires et son ambiance méditerranéenne.

La ville attire les visiteurs nationaux et internationaux, en particulier pendant la saison estivale. L'agriculture joue un rôle essentiel dans l'économie de Nabeul. La région est réputée pour ses vergers d'agrumes, ses oliveraies et ses cultures de légumes. Industrie du Textile, de Pêche et du Commerce. Son histoire est riche, ses traditions artisanales et la combinaison de son patrimoine culturel et de ses attraits touristiques en fait une destination importante dans la région du Cap Bon.

SOUSSE

Sousse est une ville côtière de la Tunisie, située au bord de la mer Méditerranée. Elle a une histoire qui remonte à l'Antiquité, et elle était un site important pendant la période romaine. Le site archéologique de la médina est classé au patrimoine mondial de l'UNESCO. Au VIIe siècle, elle a été conquise par les Arabes, marquant une période d'influence culturelle et économique musulmane. Sous la domination ottomane à partir du XVIe siècle, Sousse a continué à prospérer en tant que port commercial et militaire. Elle est une destination touristique majeure en Tunisie. La ville offre des plages magnifiques, des hôtels, des sites historiques et des activités récréatives, attirant les visiteurs du monde entier. L'agriculture joue un rôle important dans l'économie de la région. Sousse est également connue pour son industrie textile. Elle abrite plusieurs usines de production de textiles et de confection. En raison de sa position côtière, la pêche reste une activité économique importante, fournissant des fruits de mer frais aux habitants et aux visiteurs.

La médina de Sousse est un site historique bien préservé, Elle participe à des festivals et culturels tout au long de l'année ; La ville est connue pour son artisanat traditionnel, y compris la poterie, les tapis et d'autres objets fabriqués à la main.

Sousse, avec sa riche histoire, son économie diversifiée, sa culture vivante, ses traditions préservées, et sa délicieuse cuisine, offre une expérience complète pour les visiteurs et les habitants.

SFAX

Sfax est une ville portuaire située dans le centre-est de la Tunisie, sur la côte méditerranéenne. Elle est la deuxième plus grande ville du pays et joue un rôle économique et industriel majeur. Son histoire qui remonte à l'Antiquité. La ville a été fondée par les Phéniciens et était initialement appelée Taparura. Elle était un port commercial important pour les Phéniciens et plus tard pour les Romains. Au VIIe siècle, la région a été conquise par les Arabes, apportant l'influence de la culture et de la langue arabes à la ville. Sfax est connue des périodes de prospérité sous les dynasties musulmanes successives, y compris les Aghlabides, les Fatimides et les Zirides.

Période Ottomane : est passée sous

domination ottomane au XVIe siècle. Sfax a été occupée par les Français en 1881 lors de la colonisation française de la Tunisie. La ville est devenue un centre administratif et économique important. Sfax est connu pour son port, qui est l'un des plus grands ports de commerce de la Méditerranée. La ville abrite des industries pétrochimiques importantes, contribuant significativement à l'économie de la Tunisie. La pêche est une activité économique importante.

Culture et Patrimoine : Sfax abrite plusieurs musées, dont le Musée Dar Jellouli, qui présente des expositions sur l'histoire de la ville. La ville participe à des festivals culturels, artistiques et économiques qui mettent en valeur son dynamisme et son patrimoine.

Sfax, avec son mélange d'histoire ancienne, de patrimoine culturel, d'activités économiques modernes et d'industries prospères, est une ville dynamique qui joue un rôle clé dans le développement de la Tunisie.

L'ÎLE KERKENNAH

Les îles Kerkennah sont un archipel de petites îles situées au large de la côte est de la Tunisie, dans le golfe de Gabès.

Les îles ont une histoire ancienne qui remonte à l'Antiquité. Elles étaient connues des Phéniciens et des Romains pour leur importance stratégique en tant que ports. Les îles ont été intégrées à l'Empire musulman après la conquête arabe au VIIe siècle. Elles ont été le lieu de plusieurs échanges culturels et commerciaux. Sous la domination ottomane, les Kerkennah sont devenues un important centre agricole et commercial. Les Français ont pris le contrôle de la Tunisie, y compris les îles Kerkennah, à la fin du XIXe siècle. Pendant la colonisation, l'archipel a continué à être un centre agricole et de pêche.

L'agriculture, en particulier la culture des oliviers et des palmiers dattiers, a été une activité économique majeure dans les îles Kerkennah. Les

Kerkennah sont également connues pour leur tradition de pêche. La pêche au thon est particulièrement importante, et l'île est célèbre pour ses techniques de pêche traditionnelles, comme la "mornaguia".

Les Kerkennah présentent une architecture typique des îles méditerranéennes, avec des maisons blanches à la chaux et des coupoles. L'artisanat local est également une partie importante de la culture. La vannerie, en particulier la production de paniers et de chapeaux en feuilles de palmier, est une tradition ancienne. Les Kerkennah célèbrent divers festivals, souvent liés à des événements religieux ou à des festivités locales. Ces événements incluent des célébrations culturelles, des danses et des processions. La population des Kerkennah parle généralement l'arabe tunisien. Le français est également souvent compris, surtout dans les zones touristiques.

Environnement Naturel : Les eaux entourant les îles Kerkennah abritent une variété d'espèces marines, ce qui en fait une région de pêche importante et Les îles offrent des paysages méditerranéens typiques, avec des plages, des collines et des zones agricoles.

Les îles Kerkennah ont réussi à conserver une grande partie de leur caractère traditionnel et de leur mode de vie. Elles sont appréciées pour leur tranquillité, leur beauté naturelle et leur riche patrimoine culturel.

GABES

Gabès est une ville du sud-est de la Tunisie, située sur la côte méditerranéenne du golfe de Gabès. La région de Gabès a une histoire ancienne remontant à l'Antiquité. Elle était connue des Phéniciens et des Carthaginois. La ville a été appelée Tacape sous la domination romaine. Après la conquête arabe au VIIe siècle, la région est devenue une partie de l'Empire musulman, avec une influence culturelle et économique significative.

L'agriculture est une activité économique importante à Gabès. La ville est célèbre pour ses palmeraies, ses cultures de dattes et ses oasis. Elle est connue pour son industrie chimique, en particulier la production de phosphate.

La région abrite plusieurs usines chimiques. La pêche est également une activité économique notable.

Environnement Naturel : Les oasis et les palmeraies entourant Gabès sont des caractéristiques emblématiques de la région, créant un contraste frappant avec les zones désertiques. Le golfe de Gabès est connu pour ses eaux riches en biodiversité marine.

Culture et Caractéristiques : La médina historique de Gabès présente des ruelles étroites, des souks traditionnels et une architecture caractéristique. La ville participe à des festivals et culturels religieux, célébrant divers événements tout au long de l'année. Gabès abrite plusieurs mosquées historiques, dont la Grande Mosquée de Gabès, témoignant de l'influence de l'architecture islamique. L'artisanat local, notamment la poterie, la vannerie et la fabrication de tapis, est une partie importante de la culture de Gabès.

La cuisine de Gabès est influencée par la tradition méditerranéenne et tunisienne, avec des plats à base de poisson, de fruits de mer, d'huile d'olive et de dattes.

Gabès, en tant que ville portuaire et carrefour culturel, présente une combinaison unique d'éléments historiques, d'activités économiques variées et de caractéristiques

naturelles distinctives.
L'ÎLE DE DJERBA

Djerba est une île située au sud-est de la Tunisie, dans le golfe de Gabès. Elle est la plus grande île du pays et est célèbre pour son histoire riche, sa culture unique, ses plages et son architecture traditionnelle. Djerba une histoire qui remonte à l'Antiquité. Elle était connue des Phéniciens, des Romains et des Carthaginois. Les historiens identifient souvent Djerba avec l'île mythique de Lotophages, mentionnée dans l'Odyssée d'Homère. Au VIIe siècle, Djerba a été conquise par les Arabes musulmans. La présence musulmane a exercé une influence significative sur la culture et la vie de l'île. Sous la domination ottomane au XVIe siècle, Djerba est devenue un important centre commercial et culturel.

Économie : L'agriculture est importante sur l'île, avec des cultures de dattes, d'olives et d'agrumes, la pêche joue également un rôle essentiel.

Environnement Naturel : Djerba est

caractérisée par ses oasis verdoyantes, avec des palmeraies et des vergers qui créent un paysage enchanteur.

L'île est bordée de magnifiques plages de sable fin, attirant de nombreux visiteurs.

Culture et Caractéristiques :

Houmt Souk est la principale ville de Djerba, et sa médina est un centre historique avec des ruelles sinueuses, des souks et des maisons blanchies à la chaux.

La Ghriba est une ancienne synagogue située à Erriadh, sur l'île de Djerba. Elle est l'une des plus anciennes synagogues du monde et un lieu de pèlerinage annuel important pour la communauté juive.

Djerba accueille plusieurs festivals culturels tout au long de l'année, mettant en valeur la musique, la danse et l'artisanat local.

L'île est réputée pour son artisanat, y compris la poterie, la vannerie et la fabrication de tapis.

Les maisons traditionnelles de Djerba, appelées "Houchs", présentent une architecture caractéristique avec des murs blancs, des voûtes et des cours intérieurs.

La cuisine de Djerba reflète les influences méditerranéennes et tunisiennes, avec des plats à base de poisson, d'huile d'olive, et de produits locaux.

Djerba, avec son histoire unique, sa culture vibrante et ses paysages enchanteurs, demeure une destination prisée tant pour les touristes que pour ceux qui cherchent à explorer le riche patrimoine de la région.

ZARZIS

Zarzis est une ville côtière du sud-est de la Tunisie, située près de la frontière avec la Libye. La région autour de Zarzis a une histoire qui remonte à l'Antiquité. Les Phéniciens, les Carthaginois, les Romains et les Arabes ont tous laissé leur empreinte sur la région au fil des siècles. Elle a été intégré dans l'Empire musulman au VIIe siècle après la conquête arabe. Sous la domination ottomane au XVIe siècle, Zarzis a continué à être un centre commercial et agricole. La pêche est une activité économique importante à Zarzis en raison de sa position côtière.

La ville est connue pour sa flotte de pêche. L'agriculture, la culture d'oliviers et de dattes, est également une source d'activité économique.

Zarzis est un secteur touristique en croissance.

Culture et Caractéristiques : La médina de Zarzis présente des ruelles étroites, la région autour de Zarzis est caractérisée par des oasis et des palmeraies, créant un paysage désertique mais verdoyant, elle abrite des musées qui présentent l'histoire et la culture locales, y compris le musée de Zarzis.

Tourisme :

Zarzis est réputée pour ses plages de sable fin, telles que la plage de Sangho Club Zarzis, qui attire les visiteurs en quête de détente au bord de la mer.

Île aux Flamants Roses : Près de Zarzis, on trouve l'île aux Flamants Roses, une réserve naturelle abritant une variété d'oiseaux, notamment les flamants roses.

Houmt Souk : Bien que située plus au nord sur l'île de Djerba, la ville de Houmt Souk est souvent visitée par les touristes de Zarzis pour son marché coloré et son ambiance méditerranéenne. En tant que ville méditerranéenne dotée d'une histoire riche et de caractéristiques naturelles distinctives, offre une expérience unique aux visiteurs cherchant à explorer cette partie de la Tunisie.

TATAOUINE

Tataouine est une ville située dans le sud de la Tunisie, connue pour son histoire ancienne, son architecture unique, et à proximité avec des sites désertiques emblématiques.

La région de Tataouine a une histoire qui remonte à l'Antiquité. Elle était connue des Carthaginois et des Romains, et des vestiges archéologiques tels que des citernes et des sites romains attestant de la présence de civilisations anciennes. Avec l'arrivée de l'islam au VIIe siècle, la région a été intégrée dans l'Empire musulman. Des influences arabes et musulmanes ont façonné la culture et l'architecture locales. La domination ottomane au XVIe siècle, Tataouine a continué à jouer un rôle stratégique en tant que point de passage commercial.

Architecture et Culture :
Tataouine est célèbre pour ses ghorfas, des structures de stockage traditionnelles utilisées pour conserver les céréales et les produits alimentaires. Ces ghorfas sont souvent regroupées dans des greniers collectifs et sont un exemple d'architecture vernaculaire locale.
La région de Tataouine est parsemée de ksour, des villages fortifiés construits en pierre qui servaient de refuges en cas d'attaque. Certains de ces ksour ont été utilisés comme lieux de tournage pour la saga Star Wars ; en raison de son paysage désertique et de son architecture distinctive.

Économie : Agriculture ; culture

d'oliviers et de palmiers dattiers, est une activité économique importante dans la région. Le tourisme joue un rôle croissant à Tataouine, en particulier en raison de son lien avec Star Wars. Les visiteurs viennent explorer les ghorfas, les ksour, et les paysages désertiques.

Environnement Naturel : Tataouine est proche du désert du Sahara, offrant aux visiteurs la possibilité d'explorer le désert et d'expérimenter la vie nomade. Malgré son environnement désertique, la région comporte également des oasis verdoyantes, créant un contraste saisissant.

Tataouine, avec son mélange d'histoire ancienne, d'architecture distinctive et de paysages désertiques, attire les amateurs d'histoire, les passionnés de cinéma et les voyageurs à la recherche d'une expérience authentique dans le sud de la Tunisie

Médenine

Elle est une ville dans le sud-est de la Tunisie, près de la frontière libyenne. La région de a une histoire ancienne remontante à l'Antiquité. Connue des Carthaginois et des Romains. Les ruines de Gightis (ou Gigthis), une ancienne cité romaine, se trouvent près de Médenine et témoignent de l'occupation romaine dans la région. Après la conquête arabe au VIIe siècle, Médenine a été intégrée dans l'Empire musulman. La ville a connu une influence culturelle arabe et musulmane significative.

Sous la domination ottomane au XVIe siècle, Médenine a continué à jouer un rôle stratégique en tant que point de passage commercial. La ville a été fortifiée pendant cette période pour se protéger contre les invasions.

Au cours des siècles suivants, Médenine a été le théâtre d'événements historiques liés à la colonisation française et à l'indépendance de la Tunisie en 1956. Comme de nombreuses villes tunisiennes, elle a joué un rôle dans le mouvement nationaliste.

L'économie de Médenine est basée sur l'agriculture, le commerce et le tourisme. La ville est également un centre commercial important dans la région.

Elle se trouve dans une région semi-aride du sud de la Tunisie. La ville est entourée de plaines et de collines, et elle est proche du désert du Sahara.

Elle possède un patrimoine culturel riche, avec des éléments architecturaux datant de différentes époques. Parmi les sites notables, on trouve des portes historiques, des remparts et des maisons traditionnelles.

Médenine attire également les visiteurs en raison de son patrimoine historique et de son emplacement stratégique. La porte de la médina, par exemple, est un site touristique populaire. La ville est également utilisée comme point de départ pour explorer d'autres sites historiques et naturels de la région. Médenine, avec son histoire ancienne, son patrimoine culturel, et sa position géographique intéressante, joue un rôle important dans le contexte historique et contemporain de la Tunisie.

TOZEUR

Tozeur est une ville située dans le sud-ouest de la Tunisie, connue pour son architecture traditionnelle, ses oasis, et son rôle en tant que destination touristique. La région de Tozeur a une histoire qui remonte à l'Antiquité. Elle était connue des Carthaginois, des Romains et des Byzantins. Des vestiges archéologiques témoignent de la présence de civilisations anciennes. Tozeur a été intégré à l'Empire musulman après la conquête arabe au VIIe siècle. La ville a été influencée par la culture arabe et musulmane.

Économie : L'agriculture est une activité économique majeure, avec la culture de palmiers dattiers et d'oliviers. Les oasis de sont réputées pour leurs palmeraies verdoyantes. Le tourisme est un secteur clé de l'économie de Tozeur. La ville attire les visiteurs pour son architecture traditionnelle, ses oasis, et sa proximité avec le désert.

Tozeur est entourée d'immenses oasis qui forment un écosystème luxuriant au milieu du désert. Ces oasis comprennent des palmeraies, des jardins et des canaux d'irrigation. À proximité de Tozeur, on trouve le Chott El Jerid, un grand lac salé. Il offre des vues spectaculaires, surtout au coucher du soleil.

Culture et Caractéristiques :

La médina historique de Tozeur présente une architecture traditionnelle avec des maisons en briques d'argile, des ruelles étroites, et des souks. Certains bâtiments datent de plusieurs siècles. Tozeur abrite le musée Dar Cheraït, qui expose des artefacts traditionnels, des tapis, et des objets d'art de la région.

Les ksour, ou villages fortifiés, sont également présents dans la région de Tozeur, témoignant de l'architecture défensive ancienne. Un festival annuel met en avant la richesse culturelle de la région, avec des performances musicales, des expositions d'art, et d'autres événements culturels.

Tourisme :
Chak Wak : Il s'agit d'un parc à thème situé à Tozeur, recréant des scènes de la vie traditionnelle tunisienne. Il propose des promenades à dos de chameau, des démonstrations artisanales, et plus encore.

Chebika, Tamerza, Mides : Ces oasis, souvent appelées les "Oasis de montagne", sont des sites naturels proches de Tozeur, chacun avec son charme unique.

Tozeur, avec sa riche histoire, son environnement naturel spectaculaire, et son architecture traditionnelle bien préservée.

GAFSA

Gafsa est une ville tunisienne située au sud-ouest du pays, connue pour ses ressources naturelles, notamment les mines de phosphates. La région de Gafsa était connue des Carthaginois et a été intégrée à l'Empire romain après la défaite de Carthage. Elle était un centre d'extraction de minéraux et de production agricole. Avec la conquête arabe au VIIe siècle, la région de Gafsa a été intégrée à l'Empire musulman. Les Arabes ont continué à exploiter les ressources naturelles et à développer l'agriculture dans la région.

Gafsa a été sous la domination ottomane à partir du XVIe siècle. La ville a été le site de conflits entre les tribus locales et les autorités ottomanes, notamment en raison des questions liées à la fiscalité et à l'autonomie.

Ère Moderne : Gafsa a été colonisée par les Français au cours du XIXe siècle. La ville a été un centre d'exploitation des phosphates, avec l'ouverture de mines importantes. Les mines de phosphates ont joué un rôle crucial dans l'économie de Gafsa au XXe siècle. Cependant, la gestion des ressources naturelles et les conditions de travail ont été sujettes à des tensions et des protestations.

Contemporain : A son indépendance, Gafsa est restée un centre économique important en raison de ses ressources naturelles, bien que des préoccupations socio-économiques persistantes. Au cours des dernières années, Gafsa a été le théâtre de manifestations et de mouvements sociaux, exprimant des préoccupations telles que le chômage, les conditions de travail et les inégalités économiques. Gafsa est particulièrement célèbre pour ses gisements de phosphates, qui sont parmi les plus grands au monde. L'extraction et le traitement des phosphates ont été une source majeure d'activité économique dans la région. *Culture et Patrimoine :* La région comprend des oasis qui ont été un élément essentiel de l'agriculture et de la vie locale au fil des siècles. Elle présente une architecture typique des régions du sud tunisien, avec des maisons blanches et des éléments traditionnels. Avec son histoire riche et ses ressources naturelles uniques, elle continue d'être une ville importante sur le plan économique et culturel dans le contexte tunisien.

KASSERINE

Kasserine est une ville tunisienne située dans le centre-ouest du pays, près de la frontière avec l'Algérie. Voici un aperçu de divers aspects de Kasserine, y compris son histoire, son économie, sa culture, et d'autres caractéristiques : La région de Kasserine a une histoire qui remonte à l'Antiquité. Elle était connue des Carthaginois et des Romains. Des vestiges archéologiques, notamment des sites romains, témoignent de cette période. Après la conquête arabe elle a été intégrée à l'Empire musulman, Influencée par la culture arabe et musulmane.

Kasserine a été sous domination française au cours du XIXe siècle. La ville a été le théâtre de conflits pendant la Seconde Guerre mondiale lors de la campagne de Tunisie. La Tunisie a obtenu son indépendance, et Kasserine est devenue une partie intégrante du territoire tunisien indépendant.

L'agriculture est une activité économique importante dans la région, avec la culture d'oliviers, de céréales et d'autres cultures. La ville a une industrie légère qui comprend la production de textiles et de produits manufacturés. La ville est un centre commercial pour les régions environnantes.

La région de Kasserine est caractérisée par des montagnes, notamment les montagnes du Dahar, qui offrent des paysages pittoresques ; Proche de Kasserine, le Parc National de l'Ifrane propose des possibilités pour la randonnée et l'exploration de la nature. Elle présente une architecture typique des villes tunisiennes, avec des maisons blanches.

La ville et ses environs abritent des sites historiques, y compris des ruines romaines et des vestiges antiques. La culture de Kasserine est influencée par les traditions arabes et berbères. Les festivals locaux, la musique et la cuisine font ressortir cette diversité culturelle. La ville abrite l'Université de Kasserine, contribuant au développement éducatif de la région. Elle attire les visiteurs intéressés par son patrimoine historique et culturel, notamment ses sites archéologiques. Les montagnes environnantes offrent des opportunités pour les activités de plein air, comme la randonnée et l'exploration.

Kasserine, avec son mélange d'histoire ancienne, de beauté naturelle et d'activités économiques, est une ville qui offre une expérience variée aux visiteurs et aux habitants.

LE KEF

Le Kef est une ville située dans le nord-ouest de la Tunisie, près de la frontière avec l'Algérie. La région du Kef a une histoire ancienne remontant à l'Antiquité. Le site archéologique de Dougga, situé à proximité, témoigne de cette époque. Après la conquête arabe au VIIe siècle, le Kef a été intégré à l'Empire musulman. La ville a été le témoin de divers événements historiques au cours de cette période. Sous la domination ottomane à partir du XVIe siècle, le Kef a continué à être un centre stratégique sur le plan commercial et géographique. Le Kef a été sous domination française au cours du XIXe siècle, faisant partie du protectorat français en Tunisie.

L'agriculture, avec la culture d'oliviers, de céréales et d'autres cultures, Le Kef est un centre commercial pour les régions environnantes, jouant un rôle crucial dans l'économie locale. La ville est entourée de montagnes, ce qui offre des paysages pittoresques et des opportunités pour des activités de plein air. Proche du Kef, le Parc National de l'Ichkeul, classé au patrimoine mondial de l'UNESCO, est connu pour ses zones humides et sa biodiversité. Le Kef présente une architecture typique des villes tunisiennes elle abrite des sites historiques, y comprenant des vestiges de l'Antiquité romaine et des structures ottomanes. La ville participe à des festivals culturels, célébrant la musique, l'art, et d'autres formes d'expression culturelle.

La ville abrite l'Université du Kef, contribuant au développement éducatif de la région. Elle attire les visiteurs pour son patrimoine historique et culturel, notamment ses sites archéologiques. Les montagnes environnantes et les espaces naturels offrent des opportunités pour les amateurs de randonnée et de nature.

Le Kef, en tant que ville historique et culturelle, offre une expérience diversifiée aux visiteurs, combinant les charmes de l'histoire, de la nature

et de la vie locale.
LA MARSA

La Marsa est une station balnéaire et une banlieue chic située dans la région de Tunis, la capitale de la Tunisie, sur la côte méditerranéenne. La région de La Marsa a une histoire ancienne remontante à l'Antiquité, avec des vestiges archéologiques attestant de la présence romaine.

Époque Moderne et Contemporaine. Sous le protectorat français en Tunisie au XIXe et au début du XXe siècle, La Marsa a connu un développement important en tant que station balnéaire et lieu de résidence pour les élites. La Marsa est connue pour son attractivité touristique, attirant les riches visiteurs locaux et étrangers en raison de ses plages, de ses hôtels de luxe, de ses restaurants et de son ambiance agréable. La Marsa est célèbre pour ses plages de sable fin, où les résidents et les visiteurs peuvent profiter du soleil et de la mer Méditerranée. À proximité, le Parc de Sidi Bou Saïd offre un espace vert paisible pour la détente et la promenade. La ville présente une architecture typique des villes tunisiennes, avec des maisons blanches à la chaux, des ruelles pittoresques, et des influences méditerranéennes. La Corniche de La Marsa est une promenade en face de mer populaire, bordée de cafés, de restaurants, et de boutiques. Bien que techniquement distinct de La Marsa, Sidi Bou Saïd est une ville voisine connue pour ses maisons aux façades blanches et aux volets bleus, créant une atmosphère pittoresque. La Marsa abrite des écoles privées, des lycées et des institutions éducatives réputées.

Le Musée de La Marsa expose des œuvres d'art contemporain et organise des expositions culturelles.

La Marsa offre une variété de cafés, de restaurants et de lieux de divertissement, créant une scène sociale dynamique.

Ma Cantine « le Restaurant Le Golf «
(autrefois appelé le Cabanon)
Fondé en 1955 par Mr Hédi Dhaoui

L'un des meilleurs restaurants de la côte. Alliant convivialité, tradition et modernité, le restaurant a su, à travers les années, fidéliser sa clientèle et devenir une institution. On vient boire un verre, on y retourne pour vivre la plage de la Marsa. Sa terrasse est une invitation à la mer, et le bleu a toujours été son horizon. Intérieur cosy, raffiné ; du beau monde ici. Restaurant très prisé des Tunisiens et de la jet-set international, en effet, les plats du chef sont exquis, en témoignent les pâtes à la boutargue « mon coup de cœur» un mets aussi atypique que délicat. Très bon accueil.

Et je rends un grand hommage à mon cousin

Monsieur Abderrahman Toukabri, Cadre et Responsable du lieux plus de 35 ans de loyaux services

La vie nocturne de La Marsa comprend des endroits branchés et des discothèques, attirant un public varié. Avec sa combinaison de beauté naturelle, d'histoire, de culture et d'installations modernes, est une destination prisée en Tunisie. Elle tient non seulement les touristes mais aussi les résidents recherchant un style de vie méditerranéen agréable.

SIDI BOU SAÏD

Sidi Bou Saïd est une charmante petite ville située près de Tunis, la capitale de la Tunisie, sur la côte méditerranéenne. Elle est célèbre pour son architecture traditionnelle, ses ruelles pittoresques et son ambiance méditerranéenne. La région de Sidi Bou Saïd a une histoire ancienne, avec des vestiges romains attestant de l'occupation de la région à cette époque. La ville tire son nom d'un saint soufi, Sidi Bou Saïd, qui aurait vécu au XIIIe siècle. Sidi Bou Saïd a connu un développement significatif pendant la période du protectorat français. La ville est célèbre pour son architecture distinctive, caractérisée par des maisons blanches aux volets et portes bleues. Cette palette de couleurs crée une atmosphère méditerranéenne unique. Les ruelles étroites et pavées de Sidi Bou Saïd sont bordées de bougainvillées en fleurs, de boutiques d'artisanat, de galeries d'art, et de cafés. Le Café des Nattes « *dit le café des délices* » est l'un des cafés les plus emblématiques de Sidi Bou Saïd, offrant une vue imprenable sur la mer Méditerranée.

Le Palais Ennejma Ezzahra : Ce palais, autrefois la résidence du baron Rodolphe d'Erlanger, est aujourd'hui un centre culturel qui abrite des concerts, des expositions, et des événements artistiques. Sidi Bou Saïd est une destination touristique populaire en Tunisie, attirant des visiteurs pour son charme pittoresque. Les jardins du Palais Ennejma Ezzahra sont bien entretenus et offrent un endroit paisible pour se promener. La ville offre des vues panoramiques sur la baie de Tunis, avec le bleu de la Méditerranée en toile de fond.

Les boutiques de Sidi Bou Saïd proposent une variété d'artisanat local, y compris des céramiques, des tapis, des bijoux et des objets d'art. La ville abrite plusieurs galeries d'art qui mettent en valeur le travail d'artistes locaux et internationaux.

Sidi Bou Saïd, avec sa beauté pittoresque, son ambiance culturelle et son patrimoine unique, est un lieu emblématique en Tunisie et continue d'attirer des touristes du monde entier.

La Tunisie moderne est marquée par l'indépendance du pays en 1956 sous la direction de Habib Bourguiba, premier président de la République tunisienne. Bourguiba a conduit le pays à traverser une période de modernisation économique et sociale, tout en instaurant un régime politique autoritaire.

Au cours des années 1960 et 1970, Bourguiba a lancé des réformes sociales importantes en faveur des femmes, en abolissant notamment la polygamie et en encourageant l'éducation des filles. Il a également investi dans l'industrie et l'agriculture, permettant à la Tunisie de connaître une croissance économique rapide.

Cependant, la période de Bourguiba a

également été marquée par la répression politique, la torture et la censure de la presse. En 1987, Zine el-Abidine Ben Ali a renversé Bourguiba lors d'un coup d'État et est devenu le deuxième président de la République tunisienne.

Sous Ben Ali, la Tunisie a connu une période de relative stabilité économique et sociale, mais cela a été acquis au prix d'une répression politique et de la limitation des libertés individuelles. Les manifestations de la population ont eu lieu en janvier 2011 à la fuite de Ben Ali et à une transition politique vers la démocratie.

Depuis lors, la Tunisie a mis en place des institutions démocratiques, notamment une nouvelle Constitution et une Assemblée des représentants du peuple. Cependant, la transition a été difficile, avec des conflits politiques et sociaux, des problèmes économiques, notamment une croissance insuffisante et un taux de chômage élevé, ainsi que des tensions régionales et sécuritaires.

La Tunisie avant Bourguiba

Avant l'indépendance de la Tunisie en 1956, le pays était sous le régime du protectorat français établi en 1881. La Tunisie était une colonie française, bien que l'occupation ait été sous le prétexte d'un protectorat. Avant cette période, la Tunisie avait été sous domination ottomane.

Le mouvement nationaliste en Tunisie a pris de l'ampleur au cours du XXe siècle, avec des dirigeants comme Abdelaziz Thâalbi et Habib Bourguiba, qui ont plaidé pour l'indépendance du pays. Après des décennies de lutte pour l'indépendance, la Tunisie a finalement obtenu son indépendance de la France en 1956.

Avant Bourguiba, la Tunisie était caractérisée par une domination étrangère, des tensions sociales et économiques, et une agitation politique croissante. Le mouvement nationaliste a contribué à sensibiliser la population à la nécessité de l'indépendance et à forger une identité nationale tunisienne distincte.

L'indépendance a ouvert la voie à la modernisation sous la direction de Habib Bourguiba, qui est devenu le premier président de la République tunisienne. La période avant Bourguiba était marquée par des défis, des aspirations nationalistes et des bouleversements sociaux, qui ont contribué à façonner le paysage politique et social de la Tunisie moderne.

Avant l'indépendance de la Tunisie en 1956, la population du pays était composée d'une mosaïque de groupes ethniques et religieux. La majorité de la population était arabo-musulmane, avec une minorité significative de communautés juives et quelques petites communautés chrétiennes. Les Arabes ethniques constituaient la majorité, et la langue arabe était la principale langue parlée.

La Tunisie était également caractérisée par une répartition géographique diversifiée de la population. Les zones urbaines, telles que Tunis, Sfax et Sousse, étaient des centres importants de population et d'activité économique. Les zones rurales étaient également peuplées, avec une économie souvent basée sur l'agriculture.

Après l'indépendance, la Tunisie a connu une croissance démographique significative, passant d'une population d'environ 3 millions d'habitants en 1956 à plus de 11 millions au début des années 2000. Cette croissance a posé des défis en matière d'emploi, d'éducation et de services sociaux.

La Tunisie moderne se caractérise par une population diversifiée sur le plan culturel, avec une majorité d'Arabes et une minorité de Berbères. La religion principale est l'islam, principalement sunnite. La Tunisie comporte également une petite communauté juive, bien que la plupart des Juifs ont émigrés après l'indépendance.

Il est à noter que les informations fournies ici sont basées sur ma connaissance jusqu'en septembre 2021, et il pourrait y avoir eu des changements démographiques depuis lors.

L'économie
Avant l'indépendance de la Tunisie en 1956, l'économie du pays était largement agricole, avec une dépendance significative à l'égard de l'agriculture pour les revenus et l'emploi. Les principales cultures comprenaient les céréales, les olives, les agrumes et d'autres cultures méditerranéennes. Cependant, l'économie était confrontée à des défis liés à la dépendance vis-à-vis du secteur agricole et à une répartition inégale des terres.

Sous la direction de Habib Bourguiba après l'indépendance, la Tunisie a entrepris des réformes économiques visant à diversifier son économie et à promouvoir le développement industriel. Le gouvernement a investi dans des secteurs clés tels que l'industrie manufacturière, le tourisme et l'infrastructure.

Les années 1960 et 1970 ont été marquées par une croissance économique rapide, stimulée par les investissements dans l'industrialisation, la modernisation de l'agriculture et le développement des infrastructures. Bourguiba a mis en œuvre des réformes sociales, éducatives et sanitaires visant à améliorer les conditions de vie de la population.

Cependant, à la fin des années 1970 et au début des années 1980, la Tunisie a connu des difficultés économiques en raison de facteurs tels que la hausse des prix du pétrole, des problèmes de gestion économique et des taux de chômage croissants.

Sous la présidence de Zine El Abidine Ben Ali, qui a pris le pouvoir en 1987, des réformes économiques ont été entreprises pour libéraliser l'économie et attirer les investissements étrangers. Cependant, cela s'est accompagné d'une corruption croissante et d'inégalités économiques.

Après la révolution de 2011, la Tunisie a été confrontée à des défis économiques, notamment un chômage élevé, une croissance économique insuffisante et des inégalités persistantes. Le pays a continué à chercher des moyens de stimuler l'économie, de promouvoir l'emploi et d'améliorer la compétitivité sur la scène mondiale. Le tourisme, l'industrie textile et les services sont parmi les secteurs économiques clés en Tunisie.

Les Ressources Naturelles

La Tunisie dispose de diverses ressources naturelles qui exercent une influence sur son économie et son développement. Voici quelques-unes des principales ressources naturelles du pays :
Pétrole et gaz ; Phosphates ; Agriculture ; Minéraux ; Eau et Tourisme.
L'exploitation durable de ces ressources est cruciale pour assurer la stabilité économique et environnementale du pays. De plus, la Tunisie a cherché à diversifier son économie et à investir dans des secteurs tels que les énergies renouvelables pour atténuer la dépendance aux ressources non renouvelables.

A L'international
La Tunisie entretient des relations avec la communauté internationale sur divers plans, que ce soit sur le plan diplomatique, économique, culturel ou social.

1. Diplomatie : La Tunisie est membre de plusieurs organisations internationales, y compris les Nations Unies, la Ligue arabe, l'Union africaine et d'autres forums régionaux et internationaux. Elle maintient des relations diplomatiques avec de nombreux pays à travers le monde.
2. Commerce international : La Tunisie participe activement au commerce international. Elle exporte divers produits, notamment des phosphates, des textiles, des huiles d'olive et des produits manufacturés. Les partenariats économiques et les accords commerciaux sont essentiels pour favoriser la croissance économique du pays.
3. Tourisme : Le secteur du tourisme en Tunisie dépend en grande partie des visiteurs étrangers. Les plages méditerranéennes, les sites archéologiques et le riche

patrimoine culturel attirent les touristes du monde entier.

4. Coopération et aide étrangère : La Tunisie a souvent reçu une aide étrangère sous la forme de prêts, de subventions et de projets de développement de la part d'organisations internationales et de pays partenaires. Ces programmes visent généralement à soutenir le développement économique, social et environnemental du pays.

5. Émigration : La diaspora tunisienne est présente dans de nombreux pays, et les relations avec cette diaspora sont importantes. Les Tunisiens à l'étranger contribuent non seulement aux envois de fonds, mais ils jouent également un rôle dans la promotion des liens culturels et économiques.

6. Participation à des missions de maintien de la paix : La Tunisie a participé à des missions de maintien de la paix des Nations Unies et à d'autres initiatives

internationales visant à promouvoir la paix et la stabilité dans différentes régions du monde.

7. Relations avec l'Union européenne : La Tunisie a établi des liens étroits avec l'Union européenne (UE). Ces relations couvrent des domaines tels que le commerce, la coopération économique, la migration et d'autres questions d'intérêt mutuel.

En résumé, la Tunisie entretient des relations variées et actives avec la communauté internationale, cherchant à renforcer la coopération et à jouer un rôle constructif sur la scène mondiale.

FIN

En refermant ces pages qui ont voyagé à travers le temps, les générations, et les ruelles ensoleillées de la Tunisie, je tiens à exprimer ma gratitude à tous ceux qui ont pris part à ce périple. Chers lecteurs, c'est avec une profonde émotion que je vous remercie d'avoir partagé ces moments, ces récits, et ces éclats de vie avec ma famille et moi. Dans ces lignes, la Tunisie s'est dévoilée comme une terre de traditions riches, de générosité inépuisable, et de beauté intemporelle. Chaque coin de ce pays, chaque note de son histoire, a contribué à forger l'essence même de ma famille, et j'espère sincèrement que cela a résonné en vous.

Cependant, cette histoire ne se termine pas ici. C'est plutôt une invitation à poursuivre le voyage, à continuer d'explorer les mille et une facettes de la Tunisie. Que ce livre soit une porte ouverte vers de nouvelles découvertes, de nouveaux rêves, et peut-être même vers une visite en personne de ce pays qui a capturé nos cœurs. Je vous invitons à plonger davantage dans l'âme de la Tunisie, à goûter à ses saveurs, à vous laisser envoûter par ses mélodies, et à explorer ses trésors cachés. Que chaque page lue ici soit le prologue d'une aventure personnelle, une promesse de moments à venir, et une connexion éternelle avec cette terre si chère. Merci de vous être laissés emporter par mon livre, et que votre chemin soit illuminé par les échos doux de la Tunisie. À la vôtre, et que chaque page qui se tourne soit une porte ouverte vers de nouvelles découvertes et de belles histoires à venir.

Fouad Grairi

Printed in Great Britain
by Amazon

36046917R00116